中学教师教学的策略与技巧

SECONDARY TEACHER'S HANDBOOK

当代课堂教学系列

Lyn Overall & Margaret Sangster

中学教师教学的策略与技巧

〔英〕林恩·奥弗拉　玛格丽特·桑斯特　著

西南交大峨眉校区翻译研究中心

顾问　姜可立
主审　连真然
翻译　张梅子　吴正群

SECONDARY TEACHER'S HANDBOOK

四川出版集团
四川教育出版社
·成都·

四川省版权局著作权合同登记号：图进字 21–2008–013 号

The Work Is Published by Arrangement with
The Continuum International Publishing Group

图书在版编目（CIP）数据

中学教师教学的策略与技巧/林恩·奥弗拉［英］、玛格丽特·桑斯特［英］著；张梅子、吴正群 译.—成都：四川教育出版社，2008.12（2021 重印）
（当代课堂教学系列）
ISBN 978-7-5408-4966-5

Ⅰ.中… Ⅱ.①林… ②张… Ⅲ.中学-教学法 Ⅳ.G632.4

中国版本图书馆 CIP 数据核字（2008）第 126420 号

责任编辑　赵　文
特约编辑　谢　洋
封面设计　何一兵
版式设计　王　凌
责任校对　喻小红
责任印制　吴晓光　杨　军
出版发行　四川教育出版社
　　　　　地　　址　成都市黄荆路 13 号
　　　　　邮政编码　610225
　　　　　网　　址　www.chuanjiaoshe.com
印　　刷　三河市明华印务有限公司
制　　作　四川胜翔数码印务设计有限公司
版　　次　2009 年 1 月第 1 版
印　　次　2021 年 5 月第 4 次印刷
成品规格　168mm×240mm
印　　张　9　插页　3
书　　号　ISBN 978-7-5408-4966-5
定　　价　28.00 元

如发现印装质量问题，请与本社联系调换。电话：(028) 86259359
营销电话：(028) 86259605　邮购电话：(028) 86259605
编辑部电话：(028) 86259381

目　录

译者序

您想提高教学质量吗？您想改进教学方法吗？您想进行教学研究吗？请看本书。本书较为全面系统地阐述了教学中的基本理论及教学实践中出现的各种具体问题，提出了解决这些问题的策略和技巧。它具有针对性、实用性、现实性、有效性，它能拓展视野，更新观念，启迪思维，提高教学水平。

"十年树木，百年树人。"教育是一个永恒的主题，我国非常重视教育，把教育放在优先发展的位置。所以，要以科学发展观全面实施素质教育，推进教育改革创新。要培养高素质人才，就应该从中小学抓起；要成为教育高人，就应该站在巨人的肩膀上；要提高教学质量，就应该学习和借鉴发达国家的先进教育理论和教学方法。为此，我们把本书翻译出来，奉献给广大中学教师。

全书分为两章，共82节。每节独立成文，短小精悍。教师可根据教学需要，选择某一节阅读。当然，以通读全书为宜，全面掌握教育理念和教学方法。每节一般都有四个部分：

1. 主旨介绍：主要介绍该节的理论、原则、目的、目标、模式、策略、技巧、方法等。

2. 相关链接：列出与该节内容相关的几节，供教师搜索相关的信息和阅读。

3. 应对策略：根据该节的理论、原则、模式，提出教师应采用的策略和技巧。

4. 拓展：是为教师提供问题研究或理论进修的参考信息。

翻译是跨文化交际，我们尽量忠于原文，准确表述，符合汉语规范。对于专名和专业术语，我们遵照我国的国家标准或相关规定汉译。

1. 人名：通常只译姓，括注原文，便于读者查找相关资料。人名汉译以《英语姓名译名手册》（第 4 版）、《世界人名翻译大辞典》（修订版）为依据。例如皮亚杰（Jean Piaget），麦克伯（Hay McBer），阿扎米（Adhami）等。

2. 专业术语：以全国科学技术名词审定委员公布的标准定名为准。例如 probability 概率（旧译"几率"），learning disorder 学习障碍，autism 孤独症，Attention Deficit Disorder（ADD）注意障碍（不译为"注意力不集中"），Hyperactivity Disorder（HD）活动过度障碍（不译为"多动症"），dyslexia 诵读困难（不译为"失读症"）等。

由于英汉两种语言文字不同，用词和表达习惯也不同，汉译时作了相应处理。

1. 我们既要准确表达出原文的含义又要让中国教师正确理解原文含义，在汉译时，我们作了适当变通。例如，English, Maths and Science 译为"语文、数学、自然（English 是英美等国家的官方语，即国语，相当于 Chinese，作为中学的一门学科，所以译为"语文"）；School Action Plus，如果译为"学校行动⁺"计划，就不好理解。所以译为"学校行动强化"计划。

2. 原著第二章的内容标题是按英文字 A，B，C…Z 顺序排列的，内容分散，不便于中国读者阅读。译者根据内容重新编排了各节顺序。此外我们删除了原著中只有标题而无具体内容的章节号，还删除了每节后的拓展书目。

由于译者水平有限，在译作中难免有错，欢迎教师同仁和广大读者不吝赐教。

2008 年 11 月 12 日

序 言

本书旨在阐述如何通过教学自我评价过程，采取相应的措施，培养优秀教师。

> 优秀教师总是为学生和自己设定雄心勃勃的目标，并努力去实现这个目标。他们通常采用常见的、可量化的具体措施，同时强调学校和教师应为学生营造不同的学习环境，提升学生自身价值。
>
> ——麦克伯

因为教学决策涉及的因素很多，所以在谈到"什么样的教学才算是成功的教学"时，即使是优秀教师也很难对它下定义。优秀的教学成果，是教师辛勤的工作、渊博的学识、高尚的人格、无私的奉献精神和高超的教学技能等综合作用的结果。其中渊博的专业知识和高超的教学技能需要教师多年的努力和探索。本书分析和阐述了相关的教学策略及实施这些策略的模式。编者从教师和学生的调查研究中发现，自我评价是帮助教师提高教学水平的有效方法之一。这种方法已得到英国教师职业标准认可，在教学中被广泛推广使用。

在这个日新月异的社会中，绝大多数职业都要求职员与时俱进，更新知识，不断提高职业水平。教学工作也不例外。教师是一种最富挑战性的职业。教师经常担心自己的学识不能胜任教学工作。教师面临着层出不穷的新情况，如学生总是在挑战教师的耐心与智慧，新教学法和新技术也向教师提出了挑战等。教师一生都会感到"我需要学习更多的知识"。

作为一名教师，提高教学水平的道路是曲折的、艰辛的。虽然最初的目的可能只是为了生计，但他们会逐渐把重心从自身的需求转到对教学方法和学生学习的关注上。教师只有不断总结经验教训，采取措施，提高教学水平，才能取得更快的进步。教师可先确定需要提高的领域，设定目标，再逐步提高。本书写作的初衷就是为了帮助教师提高教学水平。

教师必须建立个人教学档案。通过档案，教师可以看到自己的职业发展轨迹、教学技能不断完善、教学水平不断提高的过程。在英国，取得教师资格的教师已经建立了个人教学档案。本书为教师建立个人教学档案提供资料和指导，协助教师切实提高教学水平。

在学校，和学生打交道的除了教师之外，还有其他教学工作者，比如辅导教师。他们要负责学生的工作，也面临着同样的提高职业水平的挑战。在很多情况下，和任课教师一样，他们也可以通过进修来达到目的。本书也讲述了有关班级管理和个人管理的有效方法。

此外，本书还提供了教学策略和教学参考资料。本书的两次修订都正值教育变革之际，第一版修订是依据英格兰教师培训的正式文件，本次修订则参照了最新英国教师资格标准的各项要求。

尽管本书是一本教学参考资料，但主要目的是指导教师在课堂教学实践中切实提高教学水平。第一章概括阐述了怎样借助自我评价过程提高教学水平；第二章分别论述提高教学水平的各种方法和策略。每一章中有很多小节，每一小节都有小标题，以提示读者该节的内容，同时提供在本书中的与每节内容相关的小节题目，便于读者搜索相关信息。书中提供的应对策略帮助读者确定自己的策略；拓展部分提供相关信息，供读者参阅。

本书主要介绍一些常用的教学方法，可适用于很多场合。通过阅读该书，不同国家的读者可达到该国的职业标准要求，获得教师资格。在英格兰，要达到法定条件才能获得教师资格。本书则列出了英国2007年教师资格标准。书中除个别小节讲述英国中学教育外，其他章节所阐述的方法都适用于世界各国。

第一章
自我评价过程

　　我们经过多年的观察发现，那些善于使用自我评价的教师，其课堂教学效果显著。他们致力于研究如何组织课堂，如何为学生提供有效的学习环境，所用的方法与教学上的评价方法相似。因此我们把这种方法称为自我评价。教师查看学生的作业，参照既定标准对学生的进步作出评价，这是保障学生取得进步的一个有机组成部分。评价过程的前两步是收集数据，分析数据，第三步才是根据数据评价结果，合理规划下一步教学。这一过程被称为形成性评价，是教学环节中非常重要的一环。有些教师认为："我已经制订并实施了这个教学计划，我的任务就完成了。"这种想法和教师应完成的任务相去甚远。

　　成功的教师在课堂上要根据学生的需求随机应变，根据学生现有的知识不断地调整教学。当发现学生概念理解出现问题时，就要重复讲解，直到学生正确理解为止。教学评价要让教师清楚了解学生的学习情况，对他的需求做出准确反应，形成教学良性循环。如果评价提供了进一步准确的教学信息，这个过程就会产生循环。如下图所示。

　　本书作者建议，教师根据自己的教学技能，可以使用类似的自我评价循环和目标设定方法。通过教学评价，教师可以发现问题，确定改进目标，提

高教学技能。教师可以一次确定一个目标，改进自己的不足，先选定应对策略，后在教学中实施，再作评价，形成自己的教学模式。最重要的是，教师应评价所用的策略是否有效，是否能反复应用，或是否必须尝试另一种方法。这将有助于教师建立一个可以应用于教学工作的成功策略库。

本书介绍的策略有助于教师思考和提高教学水平。

第1节　自我评价步骤

自我评价有几个步骤，引导教师解决教学中遇到的问题，应对挑战，调整教学。具体步骤如下：

（1）确定教师关注的问题，一一列出。

（2）考虑应对策略。

（3）选定一个策略。

（4）运用选定的策略。

（5）确定是否有效。

（6）如果有效，就存入教师策略库。

（7）如果无效，就另选一个策略，再实施。

（8）再从第一个步骤开始。

1. 确定教师关注的问题，一一列出

如果在教室、实验室、健身房、实习地、计算机房或其他任何授课的地方出现问题，教师要想解决问题，就首先要弄清楚是什么问题，找出原因，例如你要注意调查课堂情况：

（1）有些学生感到厌烦；

（2）有些学生有不良行为；

（3）有些优等生精力不集中，表现不太好。

也许有多种原因导致这些现象的出现，但是经过思考，教师认为自己的计划和任务设计都很好，问题在于节奏慢，使一些学生感到厌烦，导致了不良行为的产生，从而课堂教学令人不太满意。有时课堂上会同时出现以上提到的几个问题，但是它们只是由于其中的一个问题引起的连锁反应，教师要找到这个问题产生的原因。如果教师能确定产生问题的原因，就可以直接从本书中查找解决方案。根据相关链接，你会在其他章节中找到相应的对策。

找准问题，确定原因，就等于解决了一半的问题。所以，同经验丰富的教师讨论自己遇到的问题往往大有裨益，他们能准确地指出问题的症结所在，然后帮助你找到适当的对策。如果你是进修教师，可以把本书提供的建议和步骤作为教师进修的部分内容；如果你是班主任或辅导教师，本书会成为你的好助手；如果你想通过学习本书，克服工作中遇到的问题，从而取得进步，它就是你的良师益友。

2．考虑应对策略

一旦确定了要解决的问题，教师就需要选定策略。本书每个章节都介绍了一些适用性策略，教师可针对自己的问题，阅读相关部分，找到适合的策略，最后形成自己的策略。

3．选定一个策略

从诸多的策略中选定一个你认为最有效、最适合的策略，在教学中实践，直到成功。有时教师可选择多个策略，设定几个目标，同时实施这几个目标。例如应对一个捣蛋的学生，可采用以下三个策略：

（1）上课时间，不要理睬他的捣蛋行为，下课后再处理。

（2）最初几分钟让他参加活动，确保他一开始就注意教学内容。

（3）对学生的良好表现和作业要给予及时的表扬和鼓励。

4．运用选定的策略

确定要采用什么策略之后，便开始实施，这可能需要更多的时间。

5．确定策略是否有效

评价选定策略的有效性十分重要。有时教师所选定的策略需要一定的时间才会发挥作用；有时很快就知道这个策略适不适合所遇到的问题。是继续采用还是摒弃这个策略，最好的方法就是判断该策略是否有效。

6．如果有效，就存入教师策略库

如果此策略有效，教师就可放心使用；一旦确定它的适用范围，教师就可一直使用。

7. 如果无效，就选另一个策略，再实施

如果这个策略没有取得成效，教师就要重新思考，然后决定是否坚持此策略，或是选一个新的策略。并非所有的策略一开始就有效，如果该策略确实无效，就得找个可以帮助你的人再讨论一下。他（或她）也许会有不同的看法，能帮助你找到可能的解决办法。也许教师所选用的策略是正确的，但需要一段时间才看得出效果，因为一些学生的抵触情绪或不良行为可能持续很长的时间，有时是几个星期，有时是几个月，有时是整整一年。经过思考和观察，教师也许会觉得其他策略更有效，从而采用其他的策略。

8. 再从第一个步骤开始

如果成功解决了第一个问题，教师就要准备解决下一个问题，应对挑战，或对教学作较小的调整，然后着手解决下一个问题。保持教学热情，评价教学对教师十分重要。

第2节　自我评价过程模式

表1-1介绍了自我评价过程的三个步骤，表后有两个例子说明如何运用本书所述的策略。例1是取自一个实习教师的课堂教学经历，例2是一个教师的教学方式改进过程。

例1：玛丽的课堂过渡艺术

玛丽是一个实习教师。她意识到在自己的课堂教学组织中的过渡环节有问题，其中一个表现就是学生活动之间的衔接不顺畅。例如从全班的演示活动转到下一个活动时，学生吵闹着满教室乱跑，或做其他的事情。她常常扯着嗓门制止学生，叫他们安静。尤其困难的是学生完成作业的时间有早有晚。怎样处理这些问题，教师就需要提高课堂过渡艺术。

找到了问题的症结后，玛丽查阅了本书关于提高课堂过渡艺术的所有策略，找到了几种应对策略和导致过渡不畅的可能原因。这时，她需要首先决定要做的事情：是应该发出更清楚的指令呢，还是使用不同策略引导学生从一个地方转移到另一个地方呢，还是改变自己的工作方式？她也许想使用不同的策略，但对她来说重要的是确定问题的原因。为了找到原因，她通常与一直观察她教学的指导教师一起讨论这个问题。

在这一阶段，玛丽只需选"我希望改进的教学方法"和"实施的策略"两栏。一旦选定要实施的策略，玛丽接下来就需要将它填写在表里。

表1-1　教学策略自我评价表

我希望改进的教学方法	
实施的策略	评价
	成功 实施另一策略
我希望改进的教学方法	
实施的策略	评价
	成功 实施另一策略
我希望改进的教学方法	
实施的策略	评价
	成功 实施另一策略

表1-2　教学策略自我评价表

我希望改进的教学方法 过渡艺术	
实施的策略 (1) 更清楚的任务结束指令 (2) 一次只安排一组学生进行任务切换	评价
	成功 实施另一策略

一天的课程结束后，玛丽对所采用的策略进行评价，并把结果填在表里，同时设定下一个目标。如表1-3。

表 1-3 教学策略自我评价表

我希望改进的教学方法 过渡艺术	
实施的策略 (1) 更清楚的任务结束指令 (2) 一次只安排一组学生进行任务切换	评价 (1) 我仍需要坚持这个策略 (2) 好多了，我要坚持
	成功 实施另一策略
我希望改进的教学方法 继续过渡艺术策略	
实施的策略 　更清楚的任务结束指令，明确规定每个小组先做什么，什么时候完成任务	评价
	成功 实施另一策略

从玛丽填写的评价表里，我们可以看出她取得了部分成功。她希望稍微改变一下策略，然后再作尝试。她会坚持一次安排一组学生进行任务切换。

例 2：彼得的评分策略

彼得是一个有两年教龄的地理教师，他注意到自己所教的 7-8 年级，许多学生很少关注他所给的分数。最近，他采用 10 分制作业评分法，把记录的分数平均，作为中期成绩。在作业本上，除了改正学生的语言错误和错别字外，他不时地写一些简短评语，如"很好"、"满意"、"来找我"等。他希望能更好地引起学生的反馈，让学生更多地关注作业中的错误，提高成绩。

经过一番思考和阅读本书关于评分和反馈的章节，他有两个选择：启用更复杂的评分系统，让学生自己检查、评价作业。但他更倾向于实施和完善第二个策略。

彼得决定，从 7 年级的下一节课开始，就让学生相互讨论他们之前的作业中出现的错误。他会把作业得满分的同学与那些作业出错多的同学配对，组织讨论。

表 1-4 　教学策略自我评价表

我希望改进的教学方法 让学生参与讨论错误	
实施的策略 留出时间让学生与同学以及全班讨论错误	评价
	成功 实施另一策略

经过实践，彼得发现这种讨论非常有效，因为学生反馈的信息表明，他们现在能更清楚地使用语言规范，知道自己地理知识掌握不好的原因，这就是收获。但是开始并不顺利，花了很多课堂时间，所以彼得才决定改进策略，使其更加严密。彼得不能确定这会促进还是妨碍学生理解，他准备从学生那儿收集进一步的反馈信息。

表 1-4 　教学策略自我评价表

我希望改进的教学方法 让学生参与讨论错误	
实施的策略 留出时间让学生与同学及全班讨论错误	评价 学生之间的讨论时间比预期长，但学生对自己出错的地方更加清楚
	成功 实施另一策略
我希望改进的教学方法 让学生继续参与讨论错误，但要减少时间	
实施的策略 （1）我先和全班学生讨论，选出最有代表性的错误 （2）如果需要，给学生 5 分钟进行同学之间的讨论	评价
	成功 实施另一策略

彼得用这些策略后，学生们都热烈地参与讨论。现在，他在思考按 10 分制评定成绩的有效性以及他的评价对学生的意义。此时，他已经应用了评价和反馈策略。

第3节 教学评价策略和目标设置的拓展

在第二章里，各小节都是直接围绕教学内容而展开的，涉及的策略都采用了易于在教室中实施教学的指令形式。在实现教学计划中，陈述句和疑问句都能达到检验目的。例如："给全体学生10分钟""每10分钟看一下时间，以确保自己的教学进度""我已经给了全体学生时间吗？"但是，如果教师想检验这些策略的应用成功与否，就要使用疑问句。例如："我刚才给全体学生时间了吗？""我刚才检查时间没有？"

自我评价是一个非常有用的方法，它能评价一节课的成效，提高教学技能。如果该节课达到了既定目标，就继续使用；如果没有，就应该考虑采用新的方法。

自我评价对学生个体教育也有效。例如班上有一个性格内向的学生，教师在考虑本周用什么策略来鼓励他（或她）参与小组讨论。每周教学任务结束时，教师就要对所用的策略是否有效作出评价。如有必要，则采用另外的策略。这些都要记录在该生的个人档案中。这样，自我评价不仅是一种解决学生的问题的积极方法，而且能使教师在处理学生的问题上保持前后一致，保证学生准确地理解教师对他（或她）行为的指导。

第二章
有效的教学策略

第 1 节　如何培养优等生

有些学生懂事早，或受过良好的家庭教育，或请家教辅导过，因而成绩优异。教师应了解这些学生的长处，为他们讲授相应难度的课程内容。

相关链接

第 18 节　如何实施因材施教
第 26 节　如何培养应对挑战的能力
第 31 节　如何实施小组教学
第 56 节　如何运用解决问题模式

应对策略

1. 增加锻炼优等生决策能力的机会。
2. 减少习题布置，增加参加实践活动的时间。
3. 为优等生与优等生之间、优等生与教师之间提供交流机会。

拓　展

众所周知，学生的天赋各不相同，有很多关于优等生和天才儿童的著述。其中加德纳（Gardner）从理论上论证了学生存在多种智能，大脑的发育在空间、音乐、数字等七个方面较强。一般认为，智商（IQ）测试通常是一种用来测试智力的方法，而对测试特殊智力尤其有效。一个教学班有 30 个学生，教师要确定每个学生的天赋是很难的。在确定优等生所掌握的知识范围时，他们会发现，优等生能完成课程大纲要求的所有作业。通常在教师讲授之前，他们已懂了一半的知识，所以对课堂内容不感兴趣。因此激发学生对新知识的兴趣至关重要，教师在授课时要因材施教，满足优等生的个体需求。

对于优等生，教师除了满足他们的学习需求外，还要关注他们的社交能力和实践能力的培养。否则这些学生很容易被孤立。因为和反应较慢的学生一起学习时，他们往往很不耐烦，不愿意当小老师。同时，其他学生又认为优等生与众不同，对他们构成威胁而排斥优等生。所以这些优等生很容易习惯于独自学习，久而久之，他们中有些学生的社交能力、语言表达能力都会出现问题，有些学生竟然难以迅速、简洁、清楚地表达自己的思想。为了解决这个问题，达到预期的教学目标，教师可以采用各种教学方法和策略，培养他们的社交能力和实践能力。穆伊斯（Muijs）和雷诺兹（Reynolds）合著的《有效学习：理论与实践》一书，详细阐述了课堂上如何有效组织优等生学习以及满足他们的需要。

第2节　如何培养学生的主动学习能力

教师怎样才能让学生学会合理安排自己的学习，成为一个主动学习者呢？主动学习者有三个标准：

1. 在完成各项学习任务时，能预测自己的学习效果。
2. 清楚自己对学习任务的了解程度。
3. 了解自己能完成多少学习任务。

一个主动学习者能把所掌握的知识运用到新知识的学习中。在现代社会，每个人都必须应对层出不穷的挑战，所以主动学习就显得非常重要。教师的职责是帮助学生思考和提高学习能力。针对培养主动学习者这一目标，教师要考虑采用以下三种策略：采用形成性评价；把握好教学深度与广度的关系，以及教会学生如何学习。

1. 采用形成性评价

进入中学时，学生已经懂得很多知识，教师必须了解他们的知识水平，并应用于教学中，这才能提高教学水平。在主动学习模式中，仅有终结性评价远远不够，形成性评价可以使教师不断地监测学生学习的过程和学习效果，反馈积极有益的信息，帮助学生清楚地了解自己已经掌握了什么知识，还需要学习什么知识，从而学会反思性学习。

2. 把握好教学深度与广度的关系

相对于面面俱到，浅尝辄止，全面深入地学习某门课程需要更多时间。教师可以通过精心组织基本知识、概念和技能的教学，以覆盖整个中学教学内容。

学生深刻理解课程概念、牢固掌握基本知识比没有深度的面面俱到的学习要重要。教师首先要确定教学难点，根据学生自己的学习方法，把任务化难为易。刚开始时，教师应扼要介绍一下课程的主要内容，然后结合学生已学知识，把难点化整为零，帮助学生理解课程内容。在讲解概念时，最好能举出大量的例子。在这个过程中，最重要的一点是，教师应花时间来确保学生的基本知识和基本概念的准确性。毕业考试由国家统一命题，重点测试学生对该门课程的理解程度，而不是表面知识。这种测试方法也能保证教学质量，保障公众问责制的实施。

要确保学生对基本知识和基本概念的准确理解，教师首先要有精深的专业知识，准确的课程概念，以及自身训练（包括教学方法和思维方式的训练）；其次，重要的是教师要了解学生学习的方法。这两点是培养学生成为主动学习者的前提条件。

3. 教会学生如何学习

教师应告诉学生，在学习时大脑内部进行对话是非常重要的。教师所教的课程都涉及元认知知识，所以，学生大脑内部潜意识对话（元认知）也是学习过程的必要环节。两人小组或多人小组合作解决问题，有助于建立这种元认知学习模式。教师应帮助学生了解各门课程的结构和特点，如该学科的术语、概念、理论、原理等。

相关链接

第 28 节　如何做好学习信息反馈

第 29 节　如何做好教学评价

第 34 节　如何培养自主学习能力

第 59 节　如何做好学生学习档案记录

第73节　如何培养学生思维技能

应对策略

为了激发学生自主学习，教师在讲授教学新内容前，要做到如下两点：

1. 检测学生对新内容的掌握程度。

2. 掌握学生对新内容的普遍看法和误解。

在备课时，教师要做到：

1. 提供准确的基本知识。

2. 清楚掌握基本知识框架内的各种事实和观点。

3. 准确预测难点。

4. 周密组织教学活动，以便学生记忆和运用知识。

每一节课教师都应做到：

1. 清楚传达学习目的。

2. 分解难点，精选例子，化难为易。

3. 随时检查学生理解知识的程度。

4. 告知学生当前的学习进度。

5. 告知学生下一步的学习任务。

6. 总结学生学习成功的经验。

7. 布置附加作业，让学生争取更优异的成绩。

拓　展

主动学习理论是有科学基础的，以下内容提供了理论依据，是人们进一步探讨主动学习的基础：

1. 记忆与知识结构。

2. 解决问题的能力和推理能力。

3. 早期的学习基础。

4. 大脑对学习的监管程序（包括元认知），即大脑的认知机制。

5. 符号思维、文化和学习群体。

第3节　了解学生青春期发育规律

观察一下中学生，人们就会惊奇地发现青春期发育的差别是多么明显。

以同一年龄同一性别的生理发育为例，有些学生看起来仍然是一个儿童，而有些则明显是青年了。在学校里，教师要关心学生社交、情感和智力的发展。科尔曼（Coleman）和亨德里（Hendry）指出，很多青少年能正确看待成长的过程，也能够妥善地处理生活中出现的问题。他们还指出，学生的生长环境很重要，住所、家庭、民族、性别、文化和宗教信仰等很多因素都会对青少年成长的过渡期产生影响。在压力和问题面前，不同的学生采取不同的态度和措施，这取决于学生在学校的经历。教师对处在青春期的学生的影响尤其重要，有时会改变学生的生活。因此学校发生的各种事情都会大大地影响青少年的发育。

和电视肥皂剧以及新闻故事里的那些模式化的问题少年大不相同，很多（也许是大多数）学生能够成功应对成长带来的变化。而家人也会关注和支持这些学生的自我意识和自我认同的发展。但是，教育方式会影响学生青春期的发育。有些人认为青少年会在青春期频频与家庭成员爆发冲突，持这种观点的人还不少，但是有证据表明这种观点是错误的。教师应该思考：学校的活动是促进学生的自我发展呢，还是妨碍他们的发展？怎样在教学中传授平等和自立的思想？很多类似的问题都值得教师认真思考。

中学生的思维能力和推理能力较之前也会发生变化。很多中学生已进入逻辑思维的第二阶段，但是他们还需要更实际的帮助。中学教师要考虑的问题是，学校教育能否推动学生从形象思维发展到抽象思维，从实践思维发展到理论思维。抽象思维必须具备较强的逻辑思维和科学推理的能力，这种能力通常在学生之间的交流、谈判和决策技巧中得到体现。教师应该思考下列问题：学校的课程是促进还是阻碍这种能力的发展？同龄学生是否有不同的思维方式和推理方式？在教学过程中，教师是否考虑到这一点？教师应牢记，培养学生发展智力的计划应该是跨阶段和跨学科的。

青春期的生理发育也会影响学生心理发育。身高和体型的急剧变化、生理变化以及这些变化的速度通常会引起学生的焦虑。很多学生的生理发育在小学就开始了。"小学时，教师和家长都已开始帮助学生了解这种发育了吧！"这种想法挺安慰人的。但教师不能主观臆断，想当然地推卸责任。中学教师仍然要学会观察并帮助这些学生消除焦虑。

在青春期，学生的社交面包括处理友谊、同龄人压力、爱情和性的问题。很多中学生会在青春期早期尝试性行为；还有些青少年会尝试抽烟、喝酒甚至吸毒；他们关注自己的形象：体重、痤疮、饮食、锻炼等，特别看重人际关系。这些都会影响他们对健康和能力的看法，教师对此要充分关注，加强教育和引导。在学生社交、情感和心理发育方面，教师的支持与鼓励都会给学生产生巨大的影响。

教师还应了解儿童生理发育规律，掌握相关知识。在学生生理发育过程中，有一些关键的学习时期。一旦学生们错过这些时机，学校就应提供弥补机会。例如6岁前是儿童完成走、跑、跳等运动技能的最佳时期。一旦学生错过了，学校就应创造机会为其弥补，所以，小学应为学生提供各种发展身体技能的机会。

儿童能在"恐怖的两岁"之后学会控制自己的情感，但在学生们今后的学习生涯中可能需要更多的指导。

在0~12岁之间，应尽量开发学生的语言学习能力。如果13岁之后才学外语，要熟练应用第二语言的难度就必然大大增加，所以，中学应尽早开始语言教育。

教师应考虑学生个体生理发育的差别，确保教学效果。

相关链接

第 15 节　如何应对文化差异

第 21 节　了解儿童情感发展规律

第 23 节　如何实现教育公平

第 24 节　如何正确处理民族差异

第 36 节　了解儿童智力发展规律

第 54 节　了解家长职责

第 55 节　了解儿童生长发育规律

第 66 节　如何培养学生的社交能力

第 77 节　如何培养学生正确的道德观价值观

应对策略

1. 认识自己对学生的影响力。

2. 和学生建立良好的师生关系。

3. 了解学生的生长发育规律。

第4节　如何应对欺负行为

教师应把学生以大欺小或侵扰他人视为一种特别的挑衅性行为，它往往对受害者造成身心伤害。当学生谈到这一行为时，也总是强调欺负带来的极度痛苦。这种行为往往具有突发性、重复性、以大欺小性等三个特征。

重复性是欺负行为的一个显著特征，偶尔一次以大欺小，即使造成伤害也称不上欺负行为。教师必须认真对待学生当中的欺负行为，这种行为通常表现为三种形式：

1. 身体伤害——挨打了。

2. 语言伤害——挨骂了。

3. 间接伤害——被忽视，被孤立，被嘲弄。

欺负行为给受害者和欺负者都带来不良后果，教师必须认真对待。

有些学生通过欺负行为来引起教师或他人的关注，他们通常有一伙暗中的支持者。因为欺负行为不会在教师眼皮底下发生，而大多数欺负者也会矢口否认参加了欺负活动，所以，欺负行为具有隐蔽性和伪装性，教师往往很难发现。受害者往往是那些在身体上、情感上、智力上有缺陷的学生，但在一定的条件下，任何学生都可能成为被欺负的对象。一些研究表明，每学期有四分之一的小学生不止一次受到年龄较大的学生的欺负，而受害者往往不愿揭发，只会产生怨恨，他们很快失去自信和自尊，上课注意力难以集中。为了避免被欺负，一些学生甚至逃课，因而他们的成绩不尽如人意。

相关链接

应对策略

欺负行为是一个迫切需要解决的问题，需要家长、学校教职员工和全体学生的共同努力。

1. 人人都应了解欺负行为的特点及其应对办法。

2. 自始至终对欺负行为要有防范意识。填写匿名调查表是收集相关信息的有效方法。

3. 建立一个帮助受欺负者的系统。课间、放学后在学校操场上，教师要主动引导学生积极参加活动。

4. 公布求助热线电话，以帮助那些胆小怕事的学生。

5. 鼓励所有学生主动采取积极行动，抵制欺负行为。

预防措施是解决欺负行为的关键，在课堂上，教师应教学生积极参加下列活动：

1. 通过小组活动和各种配对活动，建立学生间的良性互助关系。

2. 通过角色扮演、同龄人讨论、大声朗读精选故事等活动，促进学生间的合作，抵制欺负行为。

3. 通过相互模仿、讨论、角色扮演等活动，让学生意识到彼此之间的共同点与不同点，从而化解矛盾。

拓　展

欺负和侵扰会妨碍学习，所以教师应该认真对待，定期教学生识别欺负行为。如果有学生被欺负或知道有人被欺负，就鼓励他们告知老师或家长。同时，教师还应警惕任何欺负迹象，一旦发生类似问题，就要迅速展开调查，尽早让家长参与解决。为了彻底解决问题，让当事人双方当面对质不失为一种行之有效的办法。事后教师要跟踪调查，确保欺负行为不再发生。

第5节　如何保护儿童

在教育界，学生是指任何一个法律意义上的未成年学习者。学校有法定责任和义务保证学生的安全，教师和有关人员应义不容辞地爱护学生。《每个孩子都重要》一书的出版，引起更多人士对虐待儿童事件的关注，也增强了社会保护少年儿童的决心。英国颁布的《1989年儿童法案》包括以下的原则：

1. 儿童是有生命的个体，应受法律保护。

2. 家长有知情权，有受到尊重的权利。

3. 只有在不得已时才借助法律干预，而且要尽可能缩短干预时间。

4. 协调各儿童保护部门之间的工作。

在法律体系内，有以下儿童保护原则。

1. 儿童的福利应放在首位。

2. 任何拖延都是对儿童的侵害，应该避免。

3. 如果事实不清，就不得使用法律手段。

4. 无论何种情况，都要和学生及家长协商解决问题。

5. 决定涉及儿童的生活，应征询并尊重儿童的意见。

很多国家都有相应的儿童保护原则和儿童保护法，涉及不同机构之间的合作，教师只是这一体系中的一分子。在处理虐待儿童的问题上，教师应寻求相关部门的帮助。例如在英格兰和威尔士，每个学校都有指定的专业人员负责儿童保护事宜，这个人通常是校长。

虐待类型及识别

当学生的基本需求因疏忽得不到满足时，这个学生就受到了虐待或有被虐待的可能。学生的父母可能嫌弃孩子，或可能没有尽到做父母的责任。例如没有保证学生的基本生存条件。为了正确判断学生是否受到虐待，教师有必要了解少年儿童身心发育的规律。

身体伤害

抚养孩子是一项艰辛的工作。家长时常会生孩子的气，有时甚至怒不可遏，失去理智。教师要宽容，也要有警惕性。并非所有的伤害都是故意的，但也并不都是无意的。如果学生出现以下症状，教师就不能掉以轻心：

1. 眼圈青紫——偶尔一只眼圈发青发紫，可能是意外伤害，但两只眼圈都是青紫色，就可能有人故意施暴，而非意外伤害。

2. 淤伤——拳头打击的伤痕很特别，皮带扣也同样会留下特别的伤痕。

3. 全身都有圆形的烫伤则是烟头烧灼所致。毫无疑问，这需进一步调查。

学生的生长发育障碍

例如经过一个假期，学生体重大大减轻，对此教师要认真观察。

情感虐待

例如学生表现得很好。这表示他（或她）可能生活在一个缺少关爱、要求严格的家庭，从小都怕做错事。

性虐待

例如一个学生在教室里行为不当或挑衅别人，这确实难以判断他（或她）是否受过性虐待。所幸的是，学校有专职人员和专家负责调查和判断此类事件，教师的职责就是及时汇报。

虽然，虐待儿童事件不常见，有些教师工作了一辈子未必能碰到，但是教师应当了解这方面的知识。

相关链接

第 4 节　如何应对欺负行为

第 19 节　如何有效执行校纪校规

第 21 节　了解儿童情感发展规律

第 36 节　了解儿童智力发展规律

第 43 节　了解儿童语言发展规律

第 55 节　了解儿童生长发育规律

第 57 节　如何营造良好的学习氛围

第 66 节　如何培养学生的社交能力

第 79 节　如何加强与教学相关人员的合作

应对策略

在保护学生方面，教师的职责是什么？

1. 有责任向学生传授有关虐待儿童的知识，加强学生的安全意识，比如教会学生如何应对欺负行为。

2. 教育学生告诉大人受到侵犯的准确时间。

3. 在教学过程中，做一个热心的倾听者，做一个学生可以倾诉的朋友，对学生多表扬少批评。

4. 培养师生间的信任感。

5. 如果发现学生受到任何非意外的肢体损伤或任何其他形式的虐待，不要惊慌，要根据学校的有关规定迅速地作出反应，谨慎处理。在处理虐待这一类事情中，学生会请求教师不将此事向上汇报，教师最好不要向学生允诺保密。与其让学生遭受痛苦，不如先采取行动，后再向学生说明理由。

6. 不要将事情扩大化，尽量不要让不相关的人知道，只告诉那些有权采取进一步措施的人。

7. 尽早以书面形式记录下时间、地点、人物、情况。如果诉诸法律，教师就需要为自己采取的行动提交一份书面报告。

8. 如果事情必须用法律手段解决，不要孤军作战，要尽量利用相关的法律支援。

第6节　特殊教育需求实施细则

这里简要介绍英格兰学校实施的《特殊教育需求实施细则》的部分内容。

特殊教育需求的定义

特殊教育需求是指那些学习有障碍，需要特殊照顾的学生。例如：

1. 比起大部分的同龄学生来说，他们学习上存在很大困难。

2. 他们身体有残疾，不能像同龄学生一样使用地方教育部门提供的教育设施。

《1989年儿童法案》给出了详细的特殊教育需求的定义，包括对儿童残疾的定义：盲、聋、哑；患有任何一种精神紊乱症；因疾病、伤害造成的永久性残疾；天生畸形或其他任何一种医学鉴定的残疾。《1995年反残疾歧视法案》增加了一条，残疾儿童还包括那些患有"严重的、长期的、对生活不能自理的肢体障碍的儿童"。《1996年教育法案》制定了鉴定和满足学前儿童需求的规则。2002年，《特殊教育需求实施细则》在《1991年教育法案》和《2001年特殊教育需求和残疾法案》的基础上作了修订。

《特殊教育需求实施细则》规范

《特殊教育需求实施细则》规定，学生的特殊需求应得到满足，特别是在普通学校和学前教育阶段。国家规定：

1. 有特殊需求的儿童有表达自己意愿的权利，其意愿应受到尊重。

2. 在有特殊需求的儿童的教育方面，父母应发挥重要作用。

3. 有特殊需求的儿童有权享受全面的、系统的课程教育（3~5岁接受基础阶段教育；5岁以上接受全国性课程教育）。

特殊教育需求实施细则

为了保证满足有特殊需求学生的教育需求，首先应为他们制订个别化教学计划。此计划要综合考虑学生的文化需求、可利用的教学资源和教学管理需要等多种因素。教师要尽早对有特殊需求的学生作出鉴定，鉴定要做到及时、内容翔实、有时效性。同时还要充分考虑学生的愿望和家长的意见，尽可能为他们量身制订最佳计划。

要具体实施对有特殊需求学生的学习监控，每年至少评价一次。如果家长和学生本人希望在普通学校接受教育，就应满足他们的愿望。同时，《特殊教育需求实施细则》还要求教育者注意：如果极少数的学生因为身体状况很差，不能在普通学校学习，就应为这些学生提供特殊教育需求的专业服务。

在《特殊教育需求实施细则》规定的范围内，家长（或对学生负责的监护人）应积极地参与关于学生的决策。教师应虚心听取家长的意见，考虑他们的态度、情感及他们对教育过程的不同观点，同时还要关注学生本人、教育相关人员和教育服务等。此外学校可以通过召开家长会来了解和满足家长的需求，会议召开的时间、地点要尽量方便家长。一旦学生被鉴定为有特殊教育需求，就应马上通知家长。家长有责任和义务了解整个教育过程，并参与决策。

学生也要参与关于他们自己的决策，参与教育计划的制订和学习评价过程。教师在作决策时，应考虑学生的年龄、懂事程度及自身能力。结业时，学生能决定自己今后的发展道路。

要特别强调对学前有特殊需求的儿童（特别是学前 5 岁左右的儿童）进行诊断、评价，尽早鉴定儿童的特殊教育需求，鉴定的过程要遵循循序渐进的原则。"学前教育行动"应采用以下循环模式：

1. 鉴定特殊教育需求。

2. 提供针对性服务，满足有特殊需求儿童的教育需求。

3. 评估儿童的学习进展情况。

4. 一旦达到目标，就终止。

如果儿童的特殊需求没有得到满足，就要继续执行"学前教育行动"，尽量采用不同的教学方法，直到完成整个循环。如果在执行该计划时，儿童的进步不大，那就需寻求外部支持与帮助，启用"学前教育行动强化"计划。对 5 岁以下的儿童，教师还要每 6 个月简单评价一次。对 5 岁儿童，教师要向家长详细通报情况，告诉他们下一步的计划。如果是在校儿童，这个工作由特殊教育需求协调员负责。其他情况，这项工作由与儿童每天亲密接触的人来承担。

学校应充分利用孩子（从 5 岁孩子起）的一切信息，采用评价或其他测试手段，重点分析"孩子能做什么"和"需要学习什么"。在小学阶段，要用基础评价和其他的测试手段来完成这一工作。在中学阶段，则要利用小学的信息。在学生求学阶段，教师通过跟踪观察、评价和反馈信息等办法来制订教学计划，从而满足学生的需求。另外教师应鼓励家校联合的学习策略，对每个学生因材施教。在"学校行动"阶段，继续执行"学前教育行动"的循序渐进策略。如果学生的进步不明显，就启用"学校行动强化"计划。该计划更强调因材施教，充分利用专家的建议和校外的资源，要求家长与学生积极参与。

《特殊教育需求实施细则》还规定，对有可能严重缺乏关爱或受到排斥的学生，教师要作出早期或中期报告，按照"学校行动"和"学校行动强化"来处理。

为了帮助学生学习进步、掌握知识，有特殊需求儿童的课程必须在他们进入发展的关键阶段之前启动。

每一个有特殊教育需求的学生每年都要接受评估。而作为工作执行文件的《个别化教育计划》有可能接受更多的常规跟踪检查，每年至少两次。该计划规定，为满足学生的需求，教师应开展更多的形式多样的教学活动。例如可以将他们分小组活动，以《小组教育计划》代替《个别化教育计划》。

在学生9岁时，我们应建立一个由多个机构组成的联合组织，为青少年提供教育服务，帮助有特殊教育需求的学生在毕业时作决定。到学生11岁时，确保有更多的非学校机构参与检查他们的学习情况。

对有特殊教育需求的儿童来说，采用"特殊教育需求协调员"制度具有战略性作用。它可以协调全校资源，促进有特殊需求儿童的教学工作。协调员属于高级管理人员，社会地位很高，在教师、辅导教师、家长、学生以及校外其他人员之间的沟通中起着特殊的作用。他们的职责是和有学习障碍的儿童在一起，了解他们的具体学习情况，协调各方面和各个机构之间的工作。在任何学习阶段，其他专业人士都可以协助收集学生的信息，以制订计划。《特殊教育需求实施细则》规定，学校应利用各种机会培训和提高特殊教育需求协调员及其他相关工作人员的工作能力。在一些中学，在教师和辅导教师的协助下，特殊教育需求协调员要负责一个较大部门的工作，并掌管有特殊教育需求的儿童的资源。

有些学生，即使完成了"学校行动"和"学校行动强化"计划，也没有多大的进步。对这一部分学生，在征询同事、家长、学生和相关机构的意见后，协调员就可启动法律鉴定程序。在"学前行动"或"学校行动"计划和"学前行动强化"或"学校行动强化"计划的教学结果出来后，问题严重的学生必须采用法定鉴定。参与"学前行动"或"学校行动"计划和"学前行动强化"或"学校行动强化"计划的学生很多，但很少有学生需要法定鉴定。那些特殊需求得到法定鉴定的学生，不会自动得到鉴定书。为此，地方政府的决定对有特殊需求的学生的教育至关重要。一旦有了鉴定书，学校、家长和儿童就会重新采用"学前行动强化"或"学校行动强化"计划，地方政府和中央政府也会给予更多的支持。这个鉴定书必须准确描述为特殊需求儿童提供的各种帮助。如果关于特殊需求儿童的最新需求得到确定，学校和政府就应有及时、灵活的反应。一些儿童在小时候就接受了法律鉴定程序，在开始正规教育前就得到了鉴定书。

《特殊教育需求实施细则》规定，地方政府和学校应通力合作，向家长提供普通学校的信息和其他适用的教育法规，实施教学评价，增加对智障儿童的了解，从而找到简单有效的解决方案，尽最大努力来满足学生的需求，确保学生能受到正规的普通教育。

相关链接

第 33 节　如何实现融合教育
第 67 节　如何满足特殊教育需求

第7节　如何提高课堂语言艺术

清楚地传递课堂教学信息是教师的一项基本技巧，包括教师要"讲什么"和"怎样讲"。给学生讲课的技巧同日常说话不一样，教师有必要学习这一技巧。在备课时，教师首先要仔细考虑讲课的要点，如有可能，在课时教案上或小卡片上写下关键词或词组。这样，一方面可保证讲课的条理性，另一方面学生觉得你是在讲课，不是在读稿子。

在课堂上，教师应像演员一样，要用不同的语气和语调说话。为了吸引学生的注意力，教师的声音要柔和、语气要坚定、指令要简短响亮，让全班都能听到。通常可用一些常用的指令，如"停下来，看这儿"。当学生们不再窃窃私语而专心致志地开始听讲时，教师可换成更适合讲课的语气，可以是教育的口吻，也可以是对话的语气，但无论是哪一种语气，都应更平和。

学生在做练习时，教师应在教室里走动，或参与某个小组讨论，这时教师的声音要相当低，还应不时地扫视整个教室，发出简短的课堂指令，或点一下那些注意力不集中的学生的名。这样做的目的是向全班表明，你即使在和少数几个人交流，也仍然在关注其他的人。在低年级，教师有时可以大声地表扬某个学生，让所有的学生都听到，一方面该学生感觉良好而备受鼓舞；另一方面，其他学生也希望得到老师的表扬，会更加努力。对于高年级的学生，低声表扬和更多的要求则更起作用。如果教师的"大声"评价多数是积极的、正面的，那么就有助于营造更好的课堂氛围。

措辞和语气的变化是很重要的，这也是我们大家为什么都喜欢听电影对白和说书人讲故事的原因。教师应具有演员和说书人的语言技巧，学会用不同的语气、语调来表达对学生的要求，激发和传递对所教课程的热情。学生做错事，教师不能老是发脾气，但教师的语气能让学生听出来他们的行为已越过了可接受的界限。

课堂上非语言交流也很有效。你和一个学生交谈时，可以同时严厉地盯着另外的学生，示意他要全神贯注学习。肢体语言，如要求遵守课堂纪律的手势，和实习场地以及户外活动的安全提示一样，起着非常重要的作用。教师要通过自己的衣着、面部表情，以及言谈举止向学生表明自己对课堂教学的重视。

相关链接

第 19 节　如何有效执行校纪校规
第 35 节　如何设置课堂指令
第 57 节　如何营造良好的学习氛围
第 78 节　如何提高班集体教学艺术

应对策略

教师可采用以下策略，营造积极的学习氛围：

1. 想好自己要对学生讲什么。
2. 尽量多用词组，不用句子。这样就像谈话，不是读讲稿。
3. 以常用的课堂用语吸引学生的注意力。
4. 变化语气语调，把课讲得生动有趣。
5. 确保课堂指令简短、明确。

6. 用语气来表明你的态度：是赞同还是反对。

7. 和年龄较小的学生在一起，要注意讲话的内容与讲话的方式。

8. 用简短的语言提醒学生你在注意他们。

9. 穿着要得体。

10. 注意言谈举止，不要给学生压力。

11. 恰当使用面部表情，如用微笑表示鼓励，用皱眉来阻止学生的不良行为。

拓　展

怎样和学生有效地交流，教师们有不同的看法。韦尔斯（Wells）曾对学生的课堂反应做了研究，得出了颇有价值的结论：师生对话可以有效引导学生对知识进行再加工。他将这一结论和传统的填鸭式教学法作了比较，指出教师要想提高教学效果，课堂语言艺术非常重要。

师生交流不只限于口头，克鲁克香克（Cruickshank）等人以《什么样的教学才算清晰的课堂教学?》为题在学生中展开了调查，总结出 8 个答案：

1. 给学生机会思考所学的内容。

2. 讲解后留出时间让学生思考。

3. 传授学生记忆的方法。

4. 给学生足够的时间练习。

5. 针对不同的主题和学生，采用不同的教学节奏。

6. 讲解的时间要充裕。

7. 对学生有问必答。

8. 突出难点。

第8节　如何促进师生学习交流

如果学生学习积极，教师对他们的学习表现作出评价是极其重要的。如果对学生多表扬少批评，教师就会营造一种促进学生健康成长、积极进取的活跃氛围。由于学生人数众多，教师要了解每个学生就相当困难。你也许了解某个学生学习的情况，但可能不了解他希望什么和害怕什么。但是，课间活动的辅导，课外协会和体育活动的辅导，都是教师了解学生的重要渠道。只要多和学生交流，教师就很容易获得学生的信息。随着时间的推移，教师就会更加深入了解这些学生。

相关链接

应对策略

对以下两点，教师要作出准确判断：

1. 学习过程：学习方法。

2. 学习进展：学习内容。

要了解学生的学习方法和学习收获，并告诉学生：

1. 你对他（或她）学习的评价。

2. 他（或她）所取得的进步。

3. 在学习中的收获。

制订可实现的目标：

1. 改进学习方法。

2. 提高学习成绩。

在制定目标前，要给学生做积极评价，如"你学习非常努力"，"你已经掌握了这一点"。这些评价可以是书面的，也可以是口头的。在制定目标前，要和学生多交流，教师要问学生：

1. 你觉得学习进步了多少？

2. 你是怎样学习进步的?

3. 你觉得如何提高学习成绩?

帮助学生制订高标准的目标,但应符合实际,具有可实现性。

拓 展

教师强调的重点是学生的学习表现。学生学得很好,教师应该给予肯定和鼓励;学生学得不太好,不要一味责备,要帮助他们寻找原因,提高学习成绩。教师也可以评价他们的学习方法,重点评价学习过程和学习表现,这样可以激起学生更高的学习热情,减少厌学情绪,最终让学生能自己总结,什么时候能学好,什么时候能学得更好。

上述的策略和强调学生进步的方法,是根据一项关于学生对成功的理解的研究得来的。有些学生认为成功靠运气,有些学生认为靠天赋,还有些学生认为在于刻苦努力。三种不同的看法导致三种不同的结果,对学生产生不同的影响。例如,如果一个学生把自己的成功归于天赋,那么他就会把取得的更大成绩归于运气或刻苦努力。不管哪种原因,所取得的成绩都不仅仅是由于天赋。教师可以通过询问:"你是怎样取得学习进步的?""你觉得如何提高学习成绩?"等这类问题来帮助学生思考。

第9节 如何加强家校联系

家长有权和责任关心孩子的学习情况。教师要尊重他们,并与他们建立和维持良好的合作关系。

要帮助学生获得成功,教师可以通过多种形式与家长合作。大多数中学与家长的联系需要特意安排,如社交、文化、体育活动和筹集资金等活动。这些活动有利于建立家校合作关系,在教师和家长之间搭起沟通的桥梁。但有一点要记住,教师和家长所起的作用不一样。例如在学校教师更权威,而在家里,家长则是决策者。

相关链接

应对策略

1. 教师要积极向上，乐于助人，在家长和学生中树立诚实守信的形象。

2. 通过参加各种社会、文化、体育活动和筹集资金等活动，加强与家长的交流和了解。

3. 筹备各种会议之前，拟定书面报告，该报告需要包括以下两点：

（1）学生学习进步的准确信息。

（2）掌握学生课内外的情况：言行举止、才能、抱负、遇到的困难等。

教师要尽力做到以下 8 点：

1. 平易近人。面对面交流，要面带微笑，和蔼可亲；书面报告的语气要平和。

2. 善于倾听。因为家长提出自己的担忧，有时比较委婉、含蓄，所以要正确理解家长话语中的意思。

3. 积极回应。

4. 善解人意，彬彬有礼。

5. 严肃认真。

6. 乐于助人。

7. 诚实可信，说话有分寸。

8. 条理清晰。

拓　展

"合作关系"、"共同利益关系"是家校合作成功的关键。家长与教师的合作关系可分成几个层次。有一些学校，为了帮助学生学习进步，家长与教师共同承担责任。家长充分掌握学生在学习、社交等方面的情况，同时也主动地向教师提供学生在家的情况，而这些情况可能会影响学生在校的学习。有些家长也能充分了解学生的情况，但向教师反映学生在家的表现时，则不太积极，不太主动或不太愿意。有些家长乐于让教师决定一切，这并不是因为他们不关心孩子的成长，而是因为他们认为教师不需要他们提供信息。另外一些家长，尽管学生有问题，但仍不闻不问，教师要与他们取得联系非常难。

但是，大多数家校合作是愉快的，富有成效的。当然，这种合作有一定的限度，其中一个原因是，教师常常会担心家长过多干涉教学工作，而家长也可能有同样的顾虑，不希望家丑外扬。

第 10 节　如何培养竞争意识

整个社会都充满竞争，教育也不例外。"竞争有益"、"世界充满了竞争"这两条口号众人皆知。和所有那些经久不衰的口号一样，这两条口号自有一定的道理。如果有资本竞争，学生就不怕参加竞争；如果还有获胜机会，学生就会信心百倍，跃跃欲试。一般情况下，学生都能预测获胜的概率。预测之后，有人会继续参加竞争，因为他们有信心获胜；有人则会完全丧失信心，退出竞争。如果某些人退出竞争，其他选手就会有不同意见，有时同龄人的压力会成功地迫使这些人再回到竞争中来。

鉴于以上的情况，在为学生提供竞争机会时，教师一定要谨慎。很多学生会努力争取奖励，如获得操行分、小红花、教师的赞扬等，他们之间会比拼，如"我得了两分，你一分也没得"。作为教师，应思考"是不是所有的学生都有获胜的可能?""是否给予奖励?"并考虑学生参加竞争的原因：是本身就想参加竞争，还是因为有奖励或知道竞争的好处才去参加。"如果没有奖励，学生是否愿意参加?"你和学生都要清楚这些问题的答案，从而了解学生参加竞争的动机。

高年级的学生也许不太在乎奖励。他们更关注的是竞争对学习和生活的促进作用。因为他们很快就会走出校园，进入社会。是否有能力竞争，获胜的意义有多大，都会影响他们对竞争的看法。学生的考试成绩、在校表现、社会影响也会大大地左右学生参加竞争的决心。教师应和学生讨论这些话题，让学生明白竞争的意义，明白竞争的激励作用。竞争不需要排斥奖励，但教师需要考虑奖励对班风的影响。

相关链接

应对策略

1. 把竞争引入这个活动是否恰当？

2. 所有的参赛者是否都有获胜的可能？

3. 奖励是否恰当？

4. 参赛者都了解竞争规则吗？

5. 怎样激发学生的内在动力？

6. 和学生讨论竞争的目的和意义，讨论什么时候应该竞争，什么时候应该合作。

拓　展

教师希望学生学习动力十足，所以他们都不遗余力地想方设法激发学生的学习兴趣，甚至包括激发学习态度最消极的学生。竞争确实是一种动力，但并非适用于每一个学生。竞争对象可以是他人，也可以是自己。无论要承受什么压力，都要受到处罚或奖励，都要由学生自己决定是否参赛。一方面教师要帮助学生应对考试，因为教学效果主要由分数来衡量；另一方面，教师又要鼓励学生们做自己想做的有益的事。但对老师来说，这是一件两难的事。

2001 年，穆伊斯和雷诺兹阐述了博里奇（Borich）在 1996 年所作的研究。博里奇把课堂分为竞争型、合作型和个人主义型。在竞争型课堂里，教师提供标准答案并判断学生回答是否正确。如果达到目标，学生就会有成就感；反之，则有失败感。而在个人主义型班级里，教师鼓励学生自己制定目标，自己作决定，教师只是进行引导。顺便提一下，一般来说，男生普遍喜欢竞争型课堂。威尔森（Wilson）认为教师应帮助学生了解竞争的意义。

第 11 节　如何布置课堂作业

学生应该养成好习惯，完成教师布置的作业，有些学校把这写进教学章程。学生没有完成作业，可能是因为上课思想开小差，对学习之外的事感兴趣，也可能是下面的一些原因：

1. 家庭和社会的不良现象分散了学生的注意力。

2. 作业太难，没办法着手，所以不能按时完成。

3. 学生动作慢。

4. 没听清楚老师的要求。

5. 教师布置的作业量过大。

6. 学生不清楚作业的目的。

7. 学生的能力和完成作业的速度不同。

学生没有完成作业，教师要针对不同的原因，区别对待。如果作业量过大，就很难要求学生课外或在家完成；如果学生不认真做作业，敷衍了事，教师就应采取相应措施。所以，教师首先要查找原因，然后采取相应的措施。

如果允许学生将未完成的课堂作业带回家做，那么有些学生就会在课堂上磨蹭时间。所以，教师不应把课堂作业布置为家庭作业。

相关链接

第 8 节　如何促进师生学习交流

第 18 节　如何实施因材施教

第 32 节　如何布置家庭作业

第 34 节　如何培养自主学习能力

第 44 节　如何提高倾听和交流艺术

第 50 节　如何激发学生的学习动机

第 67 节　如何满足特殊教育需求

应对策略

1. 布置的作业量要适中。

2. 作业简短，留出时间让学生完成下一个作业。

3. 讲清楚作业要求，不时提醒学生作业的目的是什么。

4. 针对学生不同情况，布置不同的作业量。

5. 帮助动作慢的学生。

6. 给动作快的学生布置难度更大和要求更高的作业。

拓　展

学生一进校就应该养成按时完成作业的习惯。刚开始，教师可以帮助和指导他们。进中学后，要让学生自己安排学习时间，自己控制时间，独立完成作业，这也是通过个性化学习，培养自主学习能力的关键一步。只要给学生机会，他们就能独立完成大部分的作业，这是难以想象的。

第12节　如何巩固知识

巩固是给学生时间和机会复习所学知识。很少有学生能做到"过目不忘"，他们都需要通过各种练习才能记住所学知识。个别化学习有助于学生适应不同条件下的复习，也有助于学生掌握抽象思维的共性，加深理解，从而把这些知识运用到新的情况中。

相关链接

第1节　如何培养优等生
第2节　如何培养学生的主动学习能力
第18节　如何实施因材施教
第41节　如何编写课时教案
第48节　如何制订学期计划
第67节　如何满足特殊教育需求

应对策略

1. 在制订学年、学期计划时，给学生预先留出复习和学习新知识的时间。

2. 考虑学生是需要在同样的情景中还是需要在新的情景中巩固知识。

拓　展

巩固所学知识有两个目的。第一，使学生能够复习和运用所学知识，加深理解，举一反三，实现知识迁徙，这有助于培养学生在新情况中应用知识的能力。第二，给学生提供实践的机会。就像为了考驾照在驾校学习驾驶一样，驾驶员要在各种路面状况、各种交通状况下磨炼自己的驾驶技巧。学生在掌握新技能前也需要各种锻炼机会，需要在不同的情况中学习，检验所学的知识。

第13节　如何实现职业继续教育

在整个教学生涯中，教师可以通过不同的方式来实现职业发展目标。如果你的目标和学校发展目标一致，那么你就可能得到学校资助，在学校或当地实现自己的大多数目标。比如，你可以和有经验的同事一起达到以下目标：

1. 提高教学效果。
2. 有效实施因材施教。
3. 丰富课程内容。
4. 实现学校服务社会的目标。

除了通过学校，教师还可通过其他途径实现个人职业继续教育，如加入各种职业协会，教师协会；参加教学培训；参加硕士和博士研究生学习，选择研究某一学科、某一年级学生的特殊需求或教学管理，或自己感兴趣的领域，以提高自己的学术水平。在英格兰，教育部门为教师职业继续教育提供奖学金，包括为两年和三年教龄的教师提供大学奖学金。

相关链接

第61节　如何做好教学研究
第71节　了解教师聘用的相关信息

应对策略

1. 制订自己的职业发展目标。
2. 根据实际教学安排，制订实现发展目标的步骤。
3. 制订学习计划：
（1）如果与学校的发展计划相一致，就参加学校的职工继续教育。
（2）如果与学校的发展计划不一致，就寻求其他的途径。

拓　展

对教师来说，制订一个职业发展计划是明智的做法。在英格兰，一年一度的调薪不再是理所当然的事。教师要接受职业评估，而这些评估会影响教师个人的职业发展。所以，教师要考虑自己的职业发展目标和实现方式：是做一个最优秀的教师、教育管理者、特殊教育工作者呢？还是跳槽者？即便你可能走另一条路，也要有个计划。

第14节　如何培养创新能力

早在20世纪60年代，就有人讨论创新能力，最近几年教育界又重新提起这个话题。这里的创新能力是指教育应该培养学生在学习中发挥创造力的能力。这可能是针对过去十年里，学校教育中风行一时的过于偏重语文、数学科目的学习而提出的。英国政府颁发的文件《卓越与快乐》，旨在把快乐和学习与开设丰富精彩的课程相结合。

这份文件在艺术课程里经常提到创新能力，希望学生在一个按部就班的教育体制里能够创新。值得深思的一点是，教师是否把创新能力"教"给学生，或教师是否能创造一个特定的环境，在这个环境里，教师传授学生富有创造性的"技能"。教师应思考创新能力的培养方法，以及这个能力对中学生的影响。教师可以通过设计个性化的中学课程，满足学生的个体需求。

相关链接

第16节　英国学校教育的课程体系
第57节　如何营造良好的学习氛围

第15节　如何应对文化差异

文化是指个人或群体所特有的一系列的价值观、经历和传统。文化团体是由语言、服饰、道德观念、宗教信仰、饮食、风俗等来界定的。作为教师，你对学生抱有很多期望。有些期望源自于你的文化背景、你的家庭以及你所在社区特有的传统思想。了解不同的文化可以拓宽视野，提高教学效率，因为教师可选择不同的教学方法、不同的教学资源和不同的事例，帮助学生避免产生误解。例如你在训斥某个调皮捣蛋的学生时，这个学生竟然不看着你，你会认为这个学生在向你挑衅。但在有些文化里，直直盯着大人的眼睛是粗鲁行为，尤其是孩子这样做就会更惹人生气。被你认为藐视你的这个学生，可能正是按照家规的要求来化解你的不快。

相关链接

应对策略

通过以下方式了解学生的文化背景：

1. 询问学生。

2. 和学生的父母交谈。

3. 请教同事。

4. 了解学校所在的社区情况。

教师应该注意尊重文化差异：

1. 恰当的用语。

2. 选择适合全班学生文化背景的教学方式和教学资源。

3. 尽管教师有教学经验，但还是应经常更新教学观念。

拓　展

　　文化是个复杂的概念，这一节只作简单介绍。文化不是一成不变的实体，不可分割的实体要受到很多事情的影响。司法界很重视事物的细微差别和平等性。围绕公民资格和什么是公民资格，一直争论不休。而对于教师来说，如果掌握了文化及其相关的概念，如宽容、冲突解决、道德推理等，就有助于理解这些话题。

　　大多数人对"身份"有自己的看法。英国教师一般都是中产阶级或白人，因而在这些学校里，中产阶级的文化占主导地位，而社区文化却截然不同。对那些异质文化的社区，教师对学生学业成绩的期望值可能会低些。学生和家长都清楚你会怎么做和你能做什么。当学生带着这些成见来上学时，教师就可能难以应对。文化差异会导致冲突和误会，所以教师的期望会受到有不同背景的学生和家长的质疑。

第16节　英国学校教育的课程体系

全世界对学校应该教什么课和不应该教什么课没有统一的规定，有些发展中国家正在努力开展扫盲运动，而有些国家的中央政府早已规定了许多的课程，还有些国家几乎没有中央政府的统一管理，每个地区、每个学校自己规定各自的教学内容和教学评价方式。

因为课程安排是由学校决定的，所以在不同的学校，同一门课程的授课方式千差万别。但英国公立学校开设的课程都一样，这是由中央政府统一规定的，当然，教师有权决定上课的内容。

在英格兰，所有5～14岁的学生都要学习核心课程（又称基础学科）：语文、数学、自然，同时选修地理、历史、设计与技术、信息与通信技术、艺术与设计、音乐、体育、宗教等课程（家长决定选还是不选）。学生11岁，进入中学后，他们的课程还包括一门外语和公民教育。学生到14岁时，必修课的数量减少，学生可不选修历史、地理、艺术与设计、音乐等课程，但是，中学还必须开设这些课程。14～19岁的学生，课程分为职业课程和学业课程两大类，这就要求学生作出选择：要么继续在普通中学和大学接受学业教育，要么选择职业教育。

在英格兰，国家统一规定的课程只是学校课程的一部分。学生要学语文、数学、自然和信息与通信技术等核心课程。英格兰和威尔士的学生必须学宗教课程，这一课程是由当地的宗教团体共同开设的，学校每天都要举行集体的宗教活动。除了完成国家统一规定课程外，教师还要关心学生的福利、健康（包括性教育和毒品教育），以及其他教育，如可持续发展和环境教育。在英格兰，所有的中学都要求在全部课程中贯穿基本教育。个别化学习是英国学校课程编制的另一个问题。

相关链接

应对策略

1. 在制订教学计划时，要确保计划能覆盖全年所教的课程。

2. 在每一阶段的计划中，要标明参考文献。

3. 制订的计划要向学生提供各种经验。

4. 预留评价的时间。

5. 预留学生获取知识和应用知识的时间。

6. 充分考虑个别学生和学生群体的需要，尽可能采用个别化学习的方式。

拓　展

课程设置是一个颇有争议的问题。一方面，一个详细的课程大纲能保证每个学生学习某些知识和某些技能的权利。至于到底是什么知识或技能则有待商榷。用什么标准设置课程？这取决于教师对教育目标和实现这一目标的手段的认识。由于宗教、文化和政治的冲突，不同的社会团体对教育有不同的期望。那么，父母和学生又有什么期望呢？

另外一个争议是教学和评价的关系。在过去的几年里，英格兰加大了教学评价的力度。这增加了教师完成规定课程的压力，同时也提出了很多问题，教学评价是否有助于提高教学质量？在有限的课时里，学生的学习成绩会提高吗？采用教学评价的措施是否妥当？

从社会角度来看，除了课堂授课外，教师还有更多工作要做，有些人把这称之为"隐性课程"。这涉及培养学生的社交能力和生活能力。对一些学生来说，这两种能力的培养是他们到学校来的主要动力，比学习知识重要得多。

国家统一规定课程分成 4 个关键阶段：

关键阶段 1：包括 1～2 年级，5～7 岁的学生；

关键阶段 2：包括 3～6 年级，7～11 岁的学生；

关键阶段 3：包括 7～9 年级，12～14 岁的学生；

关键阶段 4：包括 10～11 年级，14～16 岁的学生。

在英格兰，很多学生 3 岁进入幼儿园，学习基础阶段的课程，这是"关键基础阶段"。16~19 岁的课程可以称为"关键阶段 5"。

国家统一规定的课程都有学习计划，规定了每个阶段所要学的内容，要达到的目标和水平。除了"公民"这一门课外，所有的课程都有 8 个层次的能力要求。在达到第 8 个层次能力之后，对特别计划，国家课程也有描述。每一个层次都规定了学生应具备的能力。完成每一个关键阶段后，都要举行国家统一考试和进行教学评价。

关键阶段 1：要达到 1~3 级水平，大部分 7 岁儿童达到 2 级水平；

关键阶段 2：要达到 2~5 级水平，大部分 11 岁儿童达到 4 级水平；

关键阶段 3：要达到 3~7 级水平，大部分 14 岁儿童达到 5 级或 6 级水平。

在英格兰，大多数关键阶段 3 的学生在 14 岁都要参加全国统一考试，考试科目有阅读、写作（包括书法）、拼写、数学、心算和自然。每年五月份，所有的教师都参加对学生的测评。测评的结果要反馈给学校，以便学校之间作比较。

关键阶段 4：所有的课程都要由国家统一测评。每个学校的排名由未及格的学生人数和取得"普通中学毕业证书"的人数来决定。

第 17 节　如何提高课堂演示艺术

课堂演示和课堂讲解是要求很高的教学技能。教师一旦确定教学目标和教学内容，就要把演示仔细分解为多个小步骤，在正式上课前最好能排练一下。

向全班演示是一种相当有效的教学方式，特别是教学生做某事的步骤和技巧时最为有效。例如向学生演示运送器材的安全方法或如何列出写作提纲。教师必须准确地告诉学生所要求的步骤，然后再让学生练习，还要随时检查学生是否按要求做。刚开始，教师要不断地提醒、纠正，直到学生们驾轻就熟。教师要注意，在这个场合下学会的操作程序或技巧未必适用于其他的场合。例如在科学实验课里学到的安全规则并不一定适用于手工课，教师还得重新演示。教师的演示要具体、系统，学生仔细观察教师的一举一动，然后再模仿。

要培养学生的思维方式，一种有效的教学法就是教师通过口述和举例来演示。例如在数学课上，教师通过提问，深入讨论范例，推导出原理。又如，在语文和社会学课堂上，为了得出一个正确结论，教师可以和学生大声争论，列出一系列观点和理由，说明为什么某些观点更有说服力。当然，教师课前必须精心选择那些能够实现教学目标、有真正说服力的例子。个案研究最好能采用小组或同桌讨论的形式，由学生讲述或说明思路。这些演示教学需要在一系列的教学活动中进行，教师要不断总结经验教训，然后再用到新的教学活动中去。

相关链接

应对策略

上课前，教师要做到以下 5 点：

1. 确定演示所用材料都已齐备。

2. 确定你的演示准确无误。

3. 仔细规划每个步骤，语速要适中，讲解要清楚。

4. 考虑安全因素。

5. 排练：练习提问，预测可能出现的答案，预测可能发生的意外，有应急预案。

上课时，教师要做到以下 13 点：

1. 调整学生座位，确保每个学生都能看清你的演示。

2. 向学生准确地描述每个演示动作。

3. 精选示例。

4. 让学生模仿步骤、技巧和思路。

5. 使用精心设计的问题。

6. 倾听和回应学生的答案。

7. 举一些错误的例子，让学生分析。

8. 一步一步地演示。

9. 如果演示一种思路，就要让学生明白该课程的体系。

10. 用个案研究来证明理论在实践中的应用。

11. 给学生练习的机会，并提供帮助。

12. 教会学生自己检查。

13. 反复演示直到每个学生都理解，并达到要求。

拓　展

大多数课堂教学都采用演示方式，因而有必要思考为何演示有这么好的教学效果。2001 年，苏泽（Sousa）指出，通过调动所有的感官，如触觉、嗅觉、感觉、听觉，大脑会对幽默作积极回应。如果幽默使用得当，就有唤醒大脑、激发灵感、吸引注意力的生理作用。幽默还有助于营造良好的学习氛围，也有助于记忆。所以教师在演示中，要尽量使用准确和幽默的语言。

第 18 节　如何实施因材施教

每个学生都有不同的能力与需求，作为任课教师或新教师，一开始和学生接触就要收集信息，了解他们的能力和需求。教师也可通过观察、询问、倾听，以及和其他教师交流，查看学生档案等途径了解相关信息，然后制订详细的教学计划。起初，教师的工作计划可能只适合某一部分学生，但随着对学生的了解和观察的深入，教师的下一步教学计划会更适应学生的要求。随着教学的深入，教师要修改中期计划。记住，在制订教学计划时，要充分考虑学生的性别、文化背景、民族与学习表现的差异。

因材施教可以体现在任务、效果和资源三个方面。有些学习任务可以交给全班学生，他们能完成并能学到知识，但要允许不同水平的学生完成任务的效果不一样，这叫效果上的因材施教。资源上的因材施教，即要求教师随时满足每个学生的要求。这就要求教师个别辅导学生，并根据学生的学习情况调整教学目标。有些学习任务只针对部分学生，每一组学生所接受的任务各不相同，这叫任务上的因材施教。例如优等生已经掌握了该知识点，教师就可以减少练习，给他们布置难度更大的作业，让他们能用所学的知识解决问题。如果另外的学生有困难，教师就简化这些作业，或给他们另外的更简单的作业。

根据学生的实际情况布置不同的作业，这有助于学生的学习。如果学习任务符合学生的能力，教师就能帮助学生运用已掌握的知识来学习新知识，进一步提高学习成绩。如果任务符合学生的实际情况，学生就会全力以赴，在完成任务的过程中学到新知识。

相关链接

第 1 节　如何培养优等生

第 2 节　如何培养学生的主动学习能力

第 25 节　如何评价课堂教学

第 31 节　如何实施小组教学

第 34 节　如何培养自主学习能力

第 40 节　了解学生独特的学习方法

第 56 节　如何运用解决问题模式

第 67 节　如何满足特殊教育需求

第 78 节　如何提高班集体教学艺术

应对策略

1. 在制订中期计划前，要了解和掌握学生的水平和他们已掌握的知识。

2. 根据学习小组的情况，调整学习目标（如果所有小组成员都不能完成任务，那就要调整目标）。

3. 如有必要，就对学习目标进行细微调整（备课时，应考虑教学内容的拓展或简化）。

拓　展

大家都承认，学生的学习进度、学习能力各有不同。但对怎样才能最大限度满足学生的需求，大家却各执一词。这可能是因为没有一个令大家都信服的解决方案。有些学校开设专门班教学，如数学特长班，但仍然以混合型教学为主，尤其在低年级更是如此；有些学校则实行分级教学。即使是在混合型班级里，教师也常把学生分成不同的学习小组。

虽然现在流行班集体教学法，但教师也在讨论个别化学习，希望用不同的教学法来满足学生不同的需求。在同一个班级里，由于学生水平和期望值有差异，他们学习的结果就不一样。在这种情况下，教师布置作业，要根据学生的能力采用不同的方式，比如要考虑是否采用小组学习的方式等。除了课堂作业外，课程内容还需要细化，以此满足不同学生、不同小组的需求。

有证据表明，把学生按能力分组对学生的学习和自尊心都有影响。1970年，布罗菲（Brophy）和古德（Good）发现，学生按能力分组会导致一系列反应：学生自信心差，教师期望值低，从而导致学生成绩也差。2001年，博拉（Boaler）等人研究了中学生的感知能力，提出了一些值得深思的问题。这项研究的对象是13~14岁的学生，这些学生从混合型班转到数学特长班。研究者发现，这些学生并不觉得学习环境有所改善。因为在课堂上，教师进行的是班集体授课制，不因人而异，只有小部分优等生才能成功地跟上快班的教学进度，很多学生似乎很难适应这种单一的教学节奏。结果表明，能力低的学生往往缺乏自信心，教师对他们的期望值也低。

第19节　如何有效执行校纪校规

学校纪律规定了学生间、师生间以及教师、学校的其他成年人对待学生的行为规范，它约束和纠正学生的不良行为，逐渐减少教师的干预，让学生学会自律。学校规章只有充分考虑到全体学生、整个社会和维护良好学校秩序的需要，才能得以顺利执行。

学校行为规范明确规定了教师和辅导人员应该如何遵守校纪校规。要树立公共价值观并非易事。首先，教职工的价值观和执行学校行为规范的理念可能与家长、学生的观念有冲突，而且教学队伍内部对校规和怎样执行校规也有不同看法。所以，要想价值观达成一致，有效执行校纪校规，学校需要长时间的努力。但是，学校可以通过学生、家长和社区的参与，制订行之有效的校规。在学校，学生要了解和学会应对家规与校规、学习纪律与公共秩序之间的异同。

相关链接

第4节　如何应对欺负行为
第15节　如何应对文化差异
第23节　如何实现教育公平

应对策略

教师要通过以下措施严格执行校规：

1. 提出高标准，严要求：

（1）尊重学生，记住学生的姓名，讲话的声音要柔和，语气要坚定。

（2）认真安排新生的课堂纪律教育，如告诉学生们"'等一下'，表示'停下来，看着我，听我说'"以及"'一个一个回答'，表示学生得先听清楚问题，再举手回答，大家不要一窝蜂地回答"。

2. 考虑学生的年级与经历。

3. 了解学生的需求：

（1）要认识到并不是所有的学生都认为遵守纪律很容易。

（2）要了解学生，逐渐提高行为规范的要求；对学生的任何进步，哪怕是一点点进步，都要给予及时的奖励。

（3）要为学生提供培养自立能力的机会。

4. 了解学生的社会文化背景、民族差异，尊重这些差异，采用恰当的奖惩方式。

5. 培养学生的社会意识和道德意识。

（1）认识到课堂是培养学生社会意识的场所。可以通过课堂讨论和小组活动，培养学生的社会意识或解决道德意识问题的能力。

拓　展

不良行为是指不适合当时环境要求的行为。学校出现的不良行为有以下4种：

1. 攻击性行为：身体攻击、言辞攻击和欺负行为。

2. 非道德行为：撒谎、欺骗、偷窃、蔑视。

3. 扰乱课堂：不依次发言，阻碍他人发言。

4. 思想开小差：走神，递纸条。

最后两条性质不那么严重，但经常扰乱教学秩序。在课堂教学管理方面，很多学校的校规把重点放在减少学生干扰课堂和思想开小差的行为上。教师处理前三种违纪行为的方法很多，如鼓励学生多交朋友，这样可以减少欺负行为的发生；让学生来照料那些行动困难，无法参加课间活动的同学；采用一些教学技巧来树立良好的班风，树立正气，如"让学生围坐成一个圆圈"教学法就是其中一种有效的方法。在这个班上，学生有权做以下 5 件事：

1. 处理各种是非。

2. 判断哪些是可接受的行为，哪些是不良的行为。

3. 讨论什么是"学得好"。

4. 研究怎样应对来自同龄人的压力。

5. 探讨当前的道德问题。

通常，这些都是学校制订的个人社交能力发展、健康和公民教育课程的一部分内容。

教师也要认真考虑对违纪的处理。批评要公正，不能剥夺学生上课的权利。对违纪的处理可以分成几个步骤：

1. 确定违纪行为（指出学生做了什么。比如，校规规定学生要友好相处，而你在走廊里打了约翰，那你就违反了校规）。

2. 指出违纪行为的后果（你打伤了约翰，他身上有淤血）。

3. 让学生承认违纪（你知道史密斯老师看见你打约翰吗？学生一旦否认，就拿出其他证据）。

4. 和学生一起制订预防违纪措施。

不搞特权是有效执行校纪校规的保证，只有学生认为处罚是公正的，处罚才会有效。所以，执行校纪校规的关键在于，要强调学生所做的事情，"你受处罚是因为你违纪"，不是因为"你是坏学生"。同时，教师还要找到帮助学生学会不再重犯同样错误的方法。

第 20 节　如何展示学习成果

学习成果展示，要融知识、奖励和互动于一体。为了展开下一个教学活动，教师可考虑举办学习成果展示。这个活动能引起学生对下一个教学环节的关注，并给他们时间思考应该做什么。同成年人一样，学生都想事先了解下一个活动，特别是他们也要参与其中。学生也愿意自己的成果被展示出来。成果展示对他们是一个学习动力，也是对学习的鼓励，可以激发学生采取行动。学生在参观展示时，亲自用手摸一摸展品，或者在脑海里琢磨琢磨，不但可以巩固课堂知识，而且还可以学到更多相关的知识。对成绩拔尖的学生和成绩最差的学生，这种教学手段都很有效。这种展示可以是图表解说、解决问题、梳理观点或计算机程序应用等。这种互动展示的优势在于，教师可以站在教室的任何一个位置，让学生成为教学的中心。

所有的展品都应该被显著地展示出来，如果纸张很大，就用双层裱贴，这有助于达到展示作品的最佳效果。简洁的标题与清晰的标志，错落有致的排列，都显出展示技能的专业性。有时候，几件排列有序的展品比一大堆乱摆乱放的展品的效果更好。背景质地与形状变化，都会增加整个展示的层次感与多样性。

相关链接

第 40 节　了解学生独特的学习方法
第 57 节　如何营造良好的学习氛围

应对策略

1. 展出各种各样的展品，可以是互动的、有趣的或高质量的。

2. 在制订学期教学计划时，要确定可展示作品的课；确定使用互动展示的主题和展示所需要的材料。

3. 收集好学生的展示作品。

4. 在一学期里，要确保每个学生都有高质量的作品展示。

5. 如果合适，就用双层裱贴展示作品。

6. 设计好展示的布局。在用钉书机、胶水和胶带之前，要用大头针固定好展品。

7. 贴上标签，让参观者一目了然。

8. 保持展品的整洁。

9. 让学生参加设计、制作和维护展品的活动。

第 21 节　了解儿童情感发展规律

随着时间的推移，学生可以独立控制情感，不再需要别人的帮助。一些研究表明，人的一生都在学习调控自己的情感，但自我调控能力因人而异。有些人动不动就哭，有些人则面无表情。学生的情感发展与自我发展有密切关系，这是教师处理青少年问题时应考虑的因素。父母早期的养育和照顾对学生的情感发展有很大的影响，但在家庭以外，朋友和老师的影响最大。教师的影响来自教师对学生的方式。例如教师尊重学生对学生的情感发展很重要。教师课堂上的讲课、课外与学生的谈心、与学生探讨有关情感和智力的问题，如公平、平等、偏见、公正等，都会影响学生的情感发展。所以，在处理纪律问题和组织教学时，教师要起表率作用。

有两个领域的研究可以帮助我们理解学生情感的发展。一是性情，它与情感类型有很大的关系。每个人都应了解自己属于哪种类型：是据理力争型呢，是平易近人型呢，还是从容不迫型？二是婴儿期与家长的情感联系，早期的哺育和不同的照顾方式对学生情感的发展很重要。这两个领域的研究可以解释为什么学生在教室里表现不一样。

人判断情感和情感状态的能力与生俱来。这种能力是指能识别从快乐到悲伤的情感变化过程，能识别恐惧、生气、发怒、内疚、惭愧等情感。从孩童到青春期，这种能力日益提高。随着智力的发展，学生不仅能识别多种情感，而且还能判断这些情感之间的关系。8 岁大的孩子已经能够通过语言表达自己的情感变化，如他们会说："打断我的话，我很生气，但能出去玩，我很高兴。"

相关链接

第 3 节　了解学生青春期发展规律

第 36 节　了解儿童智力发展规律

第 43 节　了解儿童语言发展规律

第 54 节　了解家长职责

第 55 节　了解儿童生长发育规律

第 66 节　如何培养学生的社交能力

第 22 节　如何处理母语与第二语言的关系

在英格兰，有 50 多万学生的第一语言不是英语，教师应该在教学中促进英语作为第二语言的学习。在很多学校，课堂教学语言都是第二语言——英语。问题是，口语、书面语和阅读能自然而然习得吗？学校是否应该采取什么措施？通常，学生能自然习得这些语言，特别是年幼的学生，他们学得快，记得牢。但是，8 岁之后，一些双语的儿童似乎没有其他学生进步大。如果教师对英语习得不闻不问，学生的学习就不会有进步。最好的办法是学校制订专门的政策和课程，安排专业人员帮助学生学习英语，确保其成功。

相关链接

应对策略

首先，教师应了解以下情况：

1. 学生的国籍与语言。

2. 学生是难民还是移民。

3. 在学生家里英语的使用情况。

4. 学校是否有说同样语言的学生或教职员工。

教师应尽量促进和维持学生的母语：

1. 找到和学生说同一种语言的人。

2. 尽量继续让学生用母语学习，时间越长越好。

3. 记住：听先于说，说先于读写，所以让学生多听英语。

4. 值得提醒的是：英语自身的传统（如从左读到右，把字都写在线上）可能和学生母语完全不同。

拓　展

很多学生把英语作为第二语言，长大后能说一口流利的英语，也能用英语阅读和写作。他们可能也会说自己的母语，但不一定有读写能力。如果教师坚持只允许学生说英语，那么就是在宣扬教师个人的价值观。学生的民族文化遗产理应受到重视，家庭与社区用语也应受到尊重。最理想的是，能促进双语甚至多语的发展。这就是说，教师希望学生能用英语进行口头和书面的交流，掌握英语语言的规则、语法和社会习俗；与此同时，教师还要积极促进学生的第一语言学习。这是一个跨课程、跨阶段的要求。不管怎样，学习第二语言的学生为学校的生活增添了亮丽的色彩。

第 23 节 如何实现教育公平

当教师，应该首先思考两个问题：我是什么样的人？我的价值观是怎么形成的？下列内容并不全面，但可以帮助教师找到答案：

1. 你的性别：包括你的性取向。

2. 你的外表：包括民族、残疾、年龄等。

3. 你的家庭类型：核心家庭、大家庭、单亲家庭……

4. 你的宗教信仰与文化背景。

5. 你的交际能力，包括你的语言：标准英语、方言，英语作为第二语言……

6. 你的住址：市中心、郊区、乡村……

7. 你的财产或社会地位（这可能是最重要的）：中等收入、低收入；专业技术人员、办公室人员、勤杂人员、失业人员等。

以上的部分或全部内容就构成你的身份。《2004 年儿童法案》把教育公平放在优先的位置。因为教学不可能不受诸如教师的价值观和身份等因素的影响，所以教育公平要求教师要公正对待所有的学生。但仅仅对所有的学生一视同仁还不够，教师还应尽可能地满足每个学生的需求。学生对教师和学校的态度会受家庭、社区以及小学教师的影响，这可能与教师的标准有冲突。他们的期望也和教师不一致。他们对事物的体验不为人知，教师说一件事情，他们可能会在家里反复抱怨；教师讲的笑话可能被误解成一种侮辱甚至是民族歧视。所以，在教学中教师要教学生认识以下 4 点：

1. 自重。

2. 找出自己与别人生活的相似之处。

3. 相互学习。

4. 不要因为民族、性别或财富而自命不凡。

相关链接

应对策略

1. 教师要认识到以下行为会影响学生：

（1）努力记住并叫出陌生学生的名字。

（2）既重视学生的学习成绩，也重视学生的学习过程。

（3）避免使用"女生不要……""男生不要……"之类的话。

（4）相信学生一定会成功。

2. 重视学生的家庭背景，注意不同家庭教育的相似点和积极面。

3. 坦诚对待性别、民族和残疾等问题。

4. 谨慎处理学生同性恋问题。这方面有相应的法律规定，最好向教师职业协会咨询。

5. 谨慎处理辱骂事件：

（1）支持受害者。

（2）参照学校的规章。

（3）不要走极端。

6. 确保学校里成年人之间的关系能为学生树立好榜样（例如在分配工作时，应抛弃性别歧视等偏见）。

7. 备课与讲课都要考虑到教育公平：

（1）考虑学生的经历。

（2）采用小组合作的学习方式。

（3）确保女生、少数民族学生、男生都能在活动中扮演主要角色。

（4）规定不同的学习任务。

（5）考虑组成性别相同的两人小组的学习形式。

（6）两人小组学习，允许学生使用第一语言。

（7）确定选用的教学资料不含任何歧视成分，教学资料应该是最新的、积极向上的。

8. 在以白人学生为主的学校，要保证课程反映社会的多民族性。

拓　展

教育公平是一个复杂的问题，教师总有一种"哪里不对劲"的感觉。从教师个人来说，随时随地都要公正对待学生确实很难。在某些方面，一些学生的确需要教师更多的关注和时间。如果总发生这样的情况，教师应想办法改变，有意识地减少花在那些难以获得满足的学生身上的时间，要多花点时间在那些平时自己很少关注的学生身上。

第 24 节　如何正确处理民族差异

英国最近一次人口普查表明，在近 5400 万人口中，大约有 6% 的人口是少数民族（1991 年统计数据）。1994 年，巴拉德（Ballard）和卡尔拉（Kalra）估计 11% 的在校学生是少数民族。英国政府努力保证所有的学生都能接受高质量的教育，英格兰相关法律和对教师的要求都提出教师应理解和支持不同民族的学生，为他们的成功作出无私的奉献。教师对学生有各种各样的期望，其中的一些期望源于自己的民族背景。同时，教师的社会地位、性别和民族也会影响学生对你的期望。家庭和社区会影响学生的态度，孩子之间、成人之间、成人与孩子之间的行为可能与教师不同，尊重这些差异，才能提高教学效果，避免误会和不切实际的期望，选择恰当的教学方法、教学资料和教学实例来帮助学生。

相关链接

第 15 节　如何应对文化差异
第 23 节　如何实现教育公平
第 30 节　如何应对性别差异

应对策略

参见"如何实现教育公平"的应对策略

拓　展

科尔（Cole）在 1997 年指出，在英国有些教师持一元文化态度，力图使每个学生的"社会、文化英国化"。而有些教师持多元文化态度，尊重文化与宗教的差异。还有一些教师则持反民族歧视的态度，积极地挑战各种民族歧视。无论学校采用哪种态度，对学生民族观念的形成都起着举足轻重的作用，所以，教师处理此类事情的方式非常重要。

第 25 节　如何评价课堂教学

评价课堂教学有几个原因，最重要的原因是确保教学效果。教师需要评价学生是否达到了学习目标。如果达到了，就说明教学效果好，教师应该记录学生的成绩。如果学生学习不佳，教师就要认真反思，调整教学方法。也许是教学目标不适合所有的学生或部分学生；也许是教学目标太高或太低，学生不努力；也许是教学活动不符合教学目标；也许是学生学到了别的知识，被搞糊涂了；也许是教师的教学技巧需要提高，需要营造一种目标明确的学习氛围；也许是排练戏剧或学校摄影师的出现打乱了课堂秩序。

一旦分析了课堂教学的得失，教师就要决定下一节课的教学方法。要采用新措施和新的教学策略，使之适用于所有的课堂。

相关链接

第 2 节　如何培养学生的主动学习能力

第 29 节　如何做好教学评价

第 34 节　如何培养自主学习能力

第 39 节　如何制订教学目标

第 48 节　如何制订学期计划

应对策略

简单的课程评价可以从以下三方面进行：

1. 学生方面：记录每个学生的表现，确定谁需要辅导。

2. 活动方面：教学活动是否符合学习目标，下次是否继续采用。

3. 教师方面：哪一种教学技巧用得好，哪一种教学技巧需要改变。

拓　展

有很多因素会导致课堂教学不顺利。即使是最好的教师讲课也并非像一般人想象的那样顺利。教师能做到的就是认真备课，积极主动地、不断地改进教学技巧，保证上好每一堂课。

教师要严格要求学生，确保学生掌握教学内容，达到教学目标。教学中还要考虑学生的理解能力有差异，有些学生对教学内容理解会出现偏差，有些学生会出错，有些学生学得慢，有些学生学得快。教师在备课时，要了解和思考这些情况，确定下节课讲什么新内容，重复什么，拓展什么，怎样讲解。同时，教师的课堂评价内容还应包括学生对自己学习的评价。鼓励和培养学生的自我评价意识也是教学的一项重要内容。

第26节　如何培养应对挑战的能力

教学融挑战、惯例和巩固知识为一体，三者紧密联系。挑战就是让学生积极思考，力求突破知识掌握的局限。挑战学生，就是给他们机会去冒险，去应用知识，去寻求新的理解，到真实场景中学习，去体验发现新事物的激动心情。对学生来说，体验发现新事物的激动心情最有吸引力，也是强大的学习动力。挑战不只是优等生的专利，它和每个学生都有关，所有的学生在自己的能力水平基础上都会受到挑战。他们也喜欢挑战，在迎接挑战中，他们利用所学知识解决新问题。

世界充满惯例和挑战，有时候惯例的作用还很强大，很多知识和技能的获得只需用常规方法，而无需尝试新方法，如体育训练、技巧操练、新闻写作等。所以，教师应教会学生正确处理两者的关系：保持惯例，迎接挑战。

学生还要学会复习，因为复习使他们相信自己有能力并且能成功。做游戏、解难题、设计计算机程序等，都是很好的复习形式。通过复习，学生可以巩固所学知识，查缺补漏，知道自己的不足，调整学习，迎接挑战。有时候，教师希望学生运用所学的知识和技能，把解题技巧应用到新的情境中，从而学到新知识，或有机会把知识运用到熟悉的情景中解决问题。

相关链接

第1节　如何培养优等生

应对策略

1. 综合采用不同的作业类型：传统作业、学新知识的作业、复习巩固的作业、要求更高的作业。

2. 确保学生有机会把知识运用到新情境中。

3. 针对学生的具体情况，布置不同的作业。

4. 布置大量的训练解题技巧的作业。

拓　展

从皮亚杰（Piaget）时代至今，大量证据表明，解题技巧的获得有利于培养有效的学习技能。挑战学生的思维就是迫使学生修正或证明自己观点的正确性。让学生讨论怎样解题，表示学生要讲清自己的观点，以便他人判断。这是讲清楚自己所用策略的有效方法，也有助于学生的知识迁移。

教师应思考对学生的期望，判断下面的观点是否正确：

1. 他们不能解题。

2. 他们只会模仿。

3. 她只能学完第 4 册。

4. 我得参加这个学习小组，因为他们的语言表达能力差。

教师对学生的看法会在和学生的交流中流露出来。如果教师对学生的期望值低，学生们会认为自己确实能力较差。所以，我们一定要谨慎表达我们的意思和对学生的期望值。

第 27 节　如何提高课堂讲解艺术

生动的课堂讲解是激励学生学习的一种有效手段，拙劣的讲解只会使学生感到沮丧和紧张。教师要把讲解、提问和教学节奏有机地结合起来。其中认真备课是吸引学生注意力的关键，备课时教师要考虑部分学生的额外要求，如果有一个学生或几个学生需要教师把对全班同学讲过的内容再讲一遍，就很费时。教师可以让辅导教师来做这个工作，或者继续上课，之后再回过头来处理。

相关链接

应对策略

1. 确保自己充分理解要讲的内容。

2. 一旦学生的注意力集中，就尽早开始讲授新内容。

3. 对那些不明白自己要学什么或是学习进步慢的学生，要充分利用辅导教师去帮助他们；或者在确保大多数学生已开始做你布置的作业时，再回头来帮助他们。

4. 充分考虑学生已有的知识和经验。

5. 课堂讲解要结合学生的知识、经验、兴趣。

6. 用学生易懂的语言讲课。

7. 告诉学生将要学习的新内容是什么。

8. 把讲解分成几个步骤。

9. 精选示例，直到学生理解为止。

10. 留出学生练习的时间。

11. 讲课结束，要复习一遍所讲的内容。

拓　展

苏泽通过对 40 分钟的课堂教学分析后指出，前 20 分钟是讲解新知识的最佳时段。这时，教师应避免提有关新课程内容的问题，如果学生答错了，讲课就会受到负面影响。接下来的 10～15 分钟最好留给学生，让他们围绕新的课程内容开展相关的活动。教师要利用最后的时段复习所学的新知识。另外的学派则建议另一种较为随意的教学模式,即先向学生提具有挑战性的问题,然后再讲解。这一学派认为,如果学生产生了学习的渴望,他们学起来就更卖力,也会愿意向同学和老师交流学习方法。

第28节 如何做好学习信息反馈

学习信息反馈,即教师对学生学习和表现进行评价并告知学生。教师应该及时向学生反馈学习信息,以便学生了解自己的学习成果。反馈的途径有多种,可以是正式的也可以是非正式的。除了从教师那里得到反馈,学生还可从校长、供家长阅读的学校成绩报告、其他教辅人员或同学那里得到信息反馈。

教师应该评改所有的书面作业,应对学生的学习进步和学习成绩给予积极的、富有建设性的评价,以激励学生取得更好的成绩。

在课堂上,针对全班、小组或个人的表现,教师可以简短地评价几句,让学生知道自己的表现如何。同时,教师还要鼓励学生讲述所学的知识和已完成的功课,帮助他们学会清楚地陈述个人观点。如果教师能再鼓励学生自己计划下一步学习的内容,就更有利于学生学会自我评价。有效的反馈应该是富有建设性的。通常是先肯定后批评。课程结束,每个学生应该明白自己是如何取得进步的。

最有效的反馈方式是师生一对一的交流,教师和个别学生当面沟通。但这种方式会受时间的限制。由于班级的学生人数众多,教师在课堂上不可能给每个学生评价。打分是一种较传统的对个人反馈的方式,教师不必当面给学生打分。其他的反馈方式还有加品行分等。学生们都渴望得到认可,所以他们会特别积极地参加这些活动。

相关链接

应对策略

1. 及时给学生信息反馈。
2. 给学生建设性的评价。
3. 用提问鼓励学生表述自己的思维方式和行动方式。
4. 鼓励学生自己决定应对措施。
5. 建立奖励机制。
6. 选择恰当的时机，让学生得到他人的表扬。
7. 改进评分机制，优化信息反馈。

拓　展

反馈、打分和奖励三者联系密切，教师需要在教学中综合运用。在教学中，人们越来越重视反馈的质量与形式。常用的学习信息反馈形式还有：富有建设性的、更加客观的终结性评价；学生与教师之间或学生与学生之间进行交流；开展有利于澄清问题的讨论。受知识的局限，学生容易出错。给他们时间思考，改正错误，保证他们正确理解所学内容。

史密斯（Smith）在《最新的大脑研究证明学习是什么》一文中指出，如果学生在学习过程中能自我反馈，知识的掌握就更牢固、更持久。自我反馈可被视为对正在发生的事情进行描述，是思考性的描述，与以前的经历或假设有联系，它对学习很有帮助。

第29节　如何做好教学评价

教师、学生家长和学校管理人员如何知道教学工作是否已经圆满完成，学生又如何知道自己是否达到了学习目标，这就需要有可靠的评价标准和科学的评价方法。教学评价是根据教育目标的要求，按一定的规则对教学效果作出描述和确定，是教学各环节中必不可少的一环，目的是检查和促进教学。在长期的教学实践中，已经产生了多种不同的评价标准和评价方法，例如相对评价和绝对评价；诊断性评价、形成性评价和终结性评价；定性评价和定量评价等。本书主要阐述形成性评价和终结性评价在教学中的运用。

形成性评价

评价可通过正规的测验和考试来进行，也可通过交谈和观察等非正式手段进行。一旦教师根据这些评价结果而采取教学措施，就称之为形成性评价。形成性评价是有效教学循环的关键一环，为教师备课、教学以及记录学生个人学习进步提供可靠的资料。

大多数课堂评价属于形成性评价，教师要努力了解学生已学到了什么，并归纳出学生所犯的错误。形成性评价可以在多个时段进行。教师根据学生的反应而定，可在一节课结束时或一天教学结束时评价学生的表现，总结自己的教学，准备下一步的教学计划。中期评价和中期计划也属于形成性评价的一部分，被纳入未来的教学计划。

对全班表现作口头评价，教师最好注意那些表现特别好和特别差的学生的反应，从而对全班有一个整体的印象。和全班同学进行口头交流，教师难以对每个学生作出评价，而小组学习和书面反馈则为观察和监控学生的表现提供了更大的空间。小组学习目标更能反应个体学生的能力，学生更有可能取得进步。因此教师可通过课堂关注某一个小组，获得有用的评价数据。

有时好几堂课的学习目标都相同，教师容易在短时间内形成对这个班的印象。同时，教师还可以通过其他方式，确定学生是否达到学习目标。

教师也可在上新课之前对学生的现有知识和能力作出评价，以便在制订中短期计划时能设定更有针对性的目标。

相关链接

应对策略

1. 观察和询问学生，回答学生提出的问题。

2. 对课内外的学习作出评价，并采取相应措施（如做好记录和计划）。

3. 根据教学目的，选取合适的信息，用正式或非正式的方式记录下来。

4. 采用形成性评价，自我评价教学技能。

终结性评价

终结性评价是总结学生阶段性学习表现，是他们在教学过程中某一阶段取得成果的评价方式，主要目的是评价学生是否达到某阶段的教学目标。把评分的卷子返还给学生，让学生分析试卷，改正错误，查找出错的原因，这些试卷就被用于形成性评价。在英格兰，国家考试结果及分析要反馈给学校，并告知学生在某些方面的不足。具有代表性的终结性评价考试有中学毕业考试、关键阶段考试、国家职业资格考试等。教师要将学生考试成绩和全国其他考生作比较，分析学生的成绩，发现学生的困难，将终结性评价和形成性评价有机结合起来。

在学校内，终结性评价的形式有半期考试、期末考试、阶段考试等。

相关链接

第51节　英国中等职业教育

第59节　如何做好学生学习档案记录

应对策略

1. 适时记录学生的学习情况，以便知道什么时候需要总结学生取得的成绩。

2. 及时评价和总结学生对知识的理解。

3. 让学生进行自我评价，判断自己知道什么或不知道什么。

4. 熟悉国家评价要求。

拓　展

评价可用作不同的目的，教师所选用的评价形式要能提供所需要的信息。2005年，波拉德等人很好地总结了教学评价的目的和原则。

第30节 如何应对性别差异

性别是我们的生理差异，是由社会准则决定的。一个人对性别的看法会受到成长经历的影响，但与养育他（或她）的人也可能不同。教师身为男人（或女人）的体验，会因为所受的教育程度，结交的朋友，工作经历的不同而不同。所以在教学中，教师要认识到，自己独特的经历是优势也是劣势。教师对学生有各种各样的期望，他（或她）的性别、社会地位和民族背景都会影响自己对学生和家长的期望，你和他们的态度的差别可能相当大。有些学生受家庭影响而不尊重女性，有些学生则不尊重男性。值得注意的是，在英国，女人在很多方面所取得的成就正在超越男人。性别会影响学生的言行和学习，所以，教师需要了解性别差异，才有助于提高教学效果。史密斯在《提高课堂教学的策略》一文中概括出以下一些性别差异：

1. 男生擅长空间推理，而女生擅长语言表达。
2. 女孩开口说话比男孩早。
3. 男生更多地谈论和玩耍无生命的物体。
4. 女生更能理解人和社会。
5. 女生通过交谈解数学题，男生则喜欢独自思考。
6. 女生擅长语言表达，男生数学能力较强。
7. 男生比女生需要更多的空间。
8. 男生集中注意力的时间比女生短。

当然，这些只是一般情况，许多学生并不符合以上的模式。然而了解这些差别，教师就可以选择适合学生的教学方法、教学资料和教学实例。

相关链接

第23节 如何实现教育公平

第24节 如何正确处理民族差异

第40节 了解学生独特的学习方法

应对策略

1. 在教学方法上要考虑学生的性别差异。
2. 采用的方法要既能激发学生的语言学习，又能有助于非语言学习。

3. 有机融合视觉辅助手段和语言讲解。

4. 把学习分成几个步骤，给学生完成全部学习任务的机会。

5. 布置一些能调动情感的作业，如角色扮演、讨论、辩论、或问"如果……你觉得怎样?"之类的问题。

6. 课堂活动既要激发男生的兴趣，又要对女生有吸引力。

7. 布置一些难度更大的作业，促使他们突破以往的学习方式。

第 31 节　如何实施小组教学

在生活中，我们必须与他人合作。学生要学会与同学合作完成作业。许多学校注重学生个体学习和个人成就，但容易忽视各种小组合作的形式。注意以下情况是非常有意义的:

1. 在小组学习中，谁担任小组长。

2. 谁想出点子。

3. 谁拿出解决办法。

4. 谁工作出色，谁就起关键的作用。

恰当地分好小组，开展小组活动，教师就能培养学生的合作精神。阅读作业、解数学题、角色扮演和作报告都是小组学习的有效形式。教师要保证每个学生都参与，所以选材和小组成员人数都要恰当。刚开始时，最好把学生分为两人或三人小组，由教师指导他们怎样合作才能完成作业。随着学生能力的提高，逐渐增加小组的人数。例如教师可让两人小组组合成四人小组来做学习报告。

小组教学是因材施教的需要。教师把能力相当的小组安排在一起，布置相同的作业。因为作业的要求可因人而异，所以各小组即使坐在一起，也不必要求小组之间合作。教师事先要想好:这次活动对学生有什么要求，让学生在一起讨论或让他们互相帮助。

相关链接

应对策略

1. 在合适的情况下，安排小组学习。

2. 由教师划分小组，偶尔可考虑自由组合。

3. 小组学习时，教师要选好适合合作的作业，指导学生完成作业的方法。

4. 需要因材施教时，要根据学生的能力分组。

5. 根据作业要求，调整学习小组成员。

拓　展

1992 年，贝内特（Bennett）和邓恩（Dunne）指出，教师安排小组学习时，应考虑三个问题：

1. 分组的交际性目的和认知目的之间的相互作用。

2. 学习任务的类型。

3. 任务是否适合学生。

从交际能力和学习能力的培养来说，适当的讨论能帮助学生明确任务，鼓励他们努力参与。采用动态小组并不一定都有益，因为小组成员间可能缺乏配合和默契。这就需要教师的参与，帮助小组找出问题的症结所在。为了能完成规定的任务，教师有时需要重新分组。

即便学校实行了分级教学，班上学生的能力也会参差不齐。语文课或数学课的分组不完全适合你的课程。在适当的时候，可采用能力混合型小组。重要的是，教师要根据所要完成的任务来分组。

第32节　如何布置家庭作业

家庭作业是保证学生在家学习（最好能得到家人的帮助）的一种重要方式，是学生走向独立学习的桥梁。学校布置家庭作业的方法多种多样。家庭作业要有趣味性，适合在家里完成，但不受家庭背景的影响。家庭作业的量要适中，要有时间限制。教师最好拟订一个家庭作业计划，让家长知道作业的要求，以便配合教学。不管是在学校还是在家，都要要求学生按时完成作业，对于按要求完成作业的学生应给予鼓励和表扬。同时，教师要检查学生的作业，并在课堂上进行评讲，让学生知道教师对作业非常重视，并了解做家庭作业有助于提高自己的学习成绩，家庭作业还要和学校的学习内容密切结合，学生应清楚作业的要求。除此之外，应让学生还有其他的课外学习机会，例如学生可以在校外继续学习和参加各种活动。

相关链接

第 11 节　如何布置课堂作业

第 23 节　如何实现教育公平

第 34 节　如何培养自主学习能力

第 52 节　如何组织校外教学活动

应对策略

1. 确定完成家庭作业和课外学习所需的时间。
2. 如有可能，让家长知道家庭作业的安排。
3. 确保家庭作业适合学生学习的环境。
4. 家庭作业应紧扣课堂教学内容。
5. 要求学生完成家庭作业，教师要评分或在课堂上评讲。
6. 对做完作业和做得好的学生要给予表扬。
7. 不要把课堂上没完成的作业当成家庭作业。
8. 如有可能，布置一些学生感兴趣的作业。
9. 了解并掌握学生课外学习的情况。

拓　展

家长和学校对家庭作业有不同的看法。一些学校认为，学生需要独立完成大量的作业；有些家长则认为，学生应该在学校就完成学习任务，回家就应该进行一些娱乐性活动；学生则认为，生活应该在玩耍与学习之间取得平衡。

另外还有一个有争议的问题：家长怎样帮助学生完成家庭作业？如果家长、学生的兄弟姊妹和家教都能提供帮助，在家里完成作业就比在课堂上好得多。一些学校不鼓励教师把没完成的作业交给学生带回家做，在他们看来，教师这么做是因为教师对课堂布置的作业量估计不准确，或者容忍学生在课堂上的拖沓。

另一个值得讨论的问题就是作业的形式。教师是让学生做 20 道题还是只

做一道题，然后讨论解题的方法。在一个特定的家庭环境里能否完成这样的作业？有些地方已设立了"家庭作业俱乐部"，专门针对那些家长在外上班，或家庭环境不适合做作业的学生提供服务。

第 33 节　如何实现融合教育

融合教育，在狭义上是针对有特殊教育需求的学生，在广义上它包括因种种原因可能被排除在学校教育之外的所有学生，主要针对下列情况：

1. 因逃学、长时间生病或请长假造成缺课的学生。

2. 对学习缺乏兴趣的学生，欺负他人及被欺负者。

3. 因违反校规而即将被开除的学生。

4. 家庭贫困、营养不良、住房条件恶劣、家长照顾不周和由福利院等机构照顾的学生。

5. 游民、难民或移民的孩子。

从社会角度来讲，融合教育就是要为所有的学生提供高质量的教育，其实质是排除经济、民族和性别歧视等因素的干扰，采取措施保证每个学生接受正规的学校教育。为了达到这一目的，家长、学生、教师和教育机构必须精诚合作，联手维护每个学生的教育权利。在英国，主流学校的教育目的就是满足每个学生的各种不同教育需要。

融合教育的核心是解决学生的学习障碍问题。对教师而言，寻找方法扫除学生的学习障碍是进行融合教育的关键，但是造成这种障碍的重要原因之一就是在学校圈子里常见的教师存在的成见和偏见，所以，教师必须在教育中做到不偏不倚。在教学实际中遇到难教的学生，教师首先想到的是他们的缺点和不足，而忽视他们能完成学业和其他方面的能力。教师介绍学生的方式往往反映出教师的思维定式。例如"这是约翰，他看的书字体比一般书大一号，因为那些字对他小了点。"如果说"约翰视力有问题"、"约翰是盲童"，就比前种说法更有积极意义，不会让学生感到自己与众不同，有被排斥的感觉。融合教育对教师提出了更高的要求，要求他们排除成见和偏见，寻找各种途径解决学生的学习障碍问题，保障学生接受正常的学校教育。

相关链接

第 18 节　如何实施因材施教

应对策略

为清除学生的学习障碍，教师可采用如下策略：

1. 发现问题学生的优点。

2. 表扬问题学生的努力和成绩，哪怕是一点点进步也要表扬。比如好动的学生保持了两分钟的安静，这就是进步，教师应该给予表扬。

3. 不要想当然地批评学生和教育学生。例如一听到背后传来噪声，教师就批评班上的"调皮蛋"。如果噪声确实不是他发出的，就会将他的调皮"升级"："老师太不公平啦，老是针对我。"诸如此类的抱怨也会给问题学生找到借口去违反学校的规章制度。

4. 和辅导教师有效合作，得到他们的帮助。

5. 全面了解造成学生有学习障碍的原因。

拓　展

消除社会歧视和教育歧视，建立面向全社会的融合学校是英国政府制定教育政策的基本原则，并已在英国儿童法案中得到了具体体现。《2004 年儿童法案》的相关条款是关于如何扩大教育对象的范围的相关问题。英格兰政府还制定法规，规定了各公立学校必须完成学生成绩达标任务，并通过严格的教学检查来检验教师的工作，督促他们教好每一位学生，提高教学水平。除此之外，政府还采取各种措施鼓励各部门之间的合作，保证教育工作的顺利进行。

融合教育与消除社会歧视所强调的内容是一致的，其实质是要在普通学校尽最大努力满足不同学生的教育需求。政府可以采取多种方式实现这一目标。

1. 聘请大量的辅导教师辅助教师教学。专门辅导有学习障碍，特别是有特殊教育需求的学生和那些语文、数学和自然学科没有达标的学生。

2. 要求学校设法减少学生不到校的情况。许多学校采取学生在学校吃早餐、奖励全勤等措施，保证学生准时上课，乐于学习，减少缺勤。

3. 对于不良行为、违反校规校纪要被开除的学生，给予留校察看处分和特别教育，保证他们有机会继续学习。

学校可以在一些特殊班级采取个别辅导、开设因材施教课程等方式，尽量满足不同学生的学习需求，实现融合教育的目标。

第34节　如何培养自主学习能力

"师者，传道，授业，解惑也。"教师的职责不仅是传授知识，更重要的是教会学生如何学习，培养学生的自主学习能力。这项任务虽然艰巨，涉及多种复杂的因素，但是达到这一目标能带来丰硕的成果。学生都想学习好、品行好，并以此为荣。

首先，学生要学会对自己的学习作出决策。他们应该养成自主学习的习惯，要发自内心地想学，不是服从教师"你必须学"的命令。同时，他们还要明确学习目标和动机，端正学习态度。要让学生认为自己应该在课堂上表现好、尊重他人。

教师应该创造机会，让学生参与学习决策。但这不是要排除教师的指导，不要纪律的约束。正如学生的自律是建立在他们对纪律的认知之上的，一开始教师应明确纪律要求，然后通过交流和指导，鼓励全班学生逐步培养自主学习的能力。

学生升入中学后，他们虽然还不能完全脱离教师和其他教学工作者的帮助，但他们的学习决策的能力日益增强。这表示在组织课堂教学时，教师应根据学生的智力和情感发展水平，判断他们自主学习能力的高低，确定哪些学生的自主学习能力强。

相关链接

应对策略

1. 促使独立能力较强的学生多参与他们自己的学习决策过程。

2. 和全体学生讨论他们应该达到的学习目标和采用的学习方法。

3. 清楚了解学生完成某些特定学习任务的原因、目的和目标。

4. 确保学生可以自主使用一定的教学资料，如果条件允许，让学生有更多的选择。

5. 督促学生自主决策。

6. 利用合适的时机鼓励学生互相帮助。

拓　展

培养学生的自主学习能力是一个长期的过程，教师首先要明确这个任务的艰巨性，然后要仔细思考培养过程中的每一个环节。学生可大致分为两部分，有些学生喜欢独立地完成学习任务，他们有很强的学习动机，对教师布置的作业都有浓厚兴趣。而大多数学生在学习上对教师的依赖性很大，他们完全依靠教师发指令。一些教师认为这样的学生好管理，非常满意这种状况，但他们忽略了教师的职责。管理固然重要，但更重要的是培养学生的自我控制能力。教师应在上每一堂课都思考这个问题："我能保证在我离开教室后，学生还会继续认真学习吗？"教师可通过一系列常规性的培训达到以下目标：培养学生自主决策的自信；训练他们选择和使用有用信息的技能；帮助他们了解学习目的；激发他们的学习热情；训练他们提前完成作业后继续学习的好习惯。坚持这些常规性的训练和鼓励，可以有效地培养学生的自主学习能力。

第 35 节　如何设置课堂指令

发出清楚的指令，让学生知道马上就要开始上课了，这是让学生集中注意力的第一步，也是教师首先要掌握的教学技巧之一。在大班或喧闹的课堂里，拍手是让学生集中注意力的好方法。课堂指令要简单明了，干脆利落，语气坚定，声音悦耳，让学生愿意听。通常，教师要重复指令，或将指令特别针对某些学生。例如，教师先拍手两次，然后说："各位同学注意，马丁、阿布道尔、夏尔达、还有苏珊，请看这里。好，现在注意，我要从每组里抽一个学生把这些实验仪器分发给大家，其他同学把自己课桌上与实验无关的东西拿开。明白了吗？"（教师扫视全班，关注学生对指令的反应）"谁先准备好谁就先发，开始！"

教师可以先针对全班发教学指令，然后再针对个人。教师可以说："现在大家开始做实验。约翰，开始吧！"教师每次只发一个指令，因为学生如果同时接收到几个指令就会很茫然，不知所措。教师不要过多地重复指令，否则会使学生不重视教师第一时间的指令。对按照指令做的学生，教师要用微笑、手势和其他肢体语言等方式进行表扬。

教师在备课时，先把要使用的教学指令和活动记录下来，打印出来，或放映在荧幕上。教师最好准备几种不同的指令模式，然后在实施之前找些接收指令较慢的学生检验其有效性，最后根据学生的反馈情况，选择最佳方案。教师可以让辅导教师帮助完成这些工作或课前录制好磁带。关键是，教学指令应清晰，语言应简单，句子应简短。

相关链接

应对策略

教师在发出教学指令时，要做到以下 12 点：

1. 发出清晰的信号，吸引学生的注意。

2. 语气自信，声音清楚，仪态大方，面带微笑，和学生有目光交流。

3. 指令准确无误，清楚自己指令的目的和达到目的的方法。

4. 言简意赅。

5. 指令要自信、坚决。尽量用"谢谢"，少用"请"。因为"谢谢"表现了教师对学生执行自己指令的自信，而"请"含有恳求的意思，降低了指令的自信度。

6. 通过重复，保证指令的实施。

7. 和没有执行指令的学生单独交换意见。

8. 用肢体语言表扬积极执行指令的学生，营造良好的学习氛围。

9. 发给学生的教学书面要求必须简单明了：

（1）语言简单明了，避免用消极语言或学生不熟悉的术语。使用短句，重复主语，避免用代词指代。（比较"猫醒了，猫出去了"和"猫醒了，它们出去了"这两句话，学生会认为前句比后句容易理解。）

（2）用清晰的字体和字号。

（3）结构简单明了。

10. 保证每个学生都清楚全面地理解书面作业要求。

11. 寻找合适时机，测试学生对书面作业要求的理解程度，并作出适当调整。

12. 对有阅读障碍的学生，教师要给予特别的帮助，对指令作出补充说明。

拓 展

教师课堂指令是课堂管理和课程计划的有机组成部分，它维持教师的日常教学管理，有利于学生的学习。但是教师也要思考怎样才能让学生做一个自主学习者，自己决定什么时候该做什么，怎样做，在哪里做，而不是让学生仅仅听从教师的指令。

第36节　了解儿童智力发展规律

研究儿童智力发展就是研究儿童是如何学习的。关于智力发展的著作虽多，但是除行为主义理论外，大多数著述相似。这里主要介绍四种主流理论。

行为主义理论产生于20世纪20年代，它强调学习使儿童行为发生改变。其中著名的代表人物心理学家巴甫洛夫（Pavlov）、斯金纳（Skinner）和班杜拉（Bandura）提出了有名的"刺激—反应"论。在教师的指令和对学生的行为管理中，到处可见这种理论的应用。

著名心理学家皮亚杰的认知发展论强调行为和认知是主客体相互作用的产物，即生物适应论的观点。他认为影响儿童智力发展的因素主要有两个方面：一方面是生理的成熟；另一方面是环境，包括物理环境和社会环境。儿童的大脑一经和外部世界接触，就会积极认识它，在适应环境的过程中向环境学习，丰富和发展自己的知识，改变自己的行为以适应环境。皮亚杰观察了许多学前班儿童在学习中犯的错误和对外部世界的一些错误观念，得出了这样的结论："儿童的认知发展是一个不断修正自己的错误、不断优化自己的知识结构，以适应环境的过程。"

皮亚杰认为，在个体从出生到成熟的发展过程中，智力发展可以分为四个主要阶段：感觉运动阶段、前运算阶段、具体运算阶段和形式运算阶段。皮亚杰认为，并不是所有处在同一年龄阶段的儿童都处在相同的智力阶段。但是，儿童发展的各阶段顺序是一致的，前一阶段总是后一阶段的前提。阶段的发展不是间断性的跳跃，而是逐渐、持续的变化。0~2岁是儿童的感觉运动阶段，他们通过自己的感觉与动作来了解世界，认识世界的行为逐步由随意性转变为有意性；2~7岁是儿童的前运算阶段，已开始理解抽象概念，能用语言表达概念和用符号代表实物，能进行一定的符号思维，但不合逻辑，不能看见事物的全面；7~12岁是儿童的具体运算阶段，能根据具体经验思维解决问题，能理解可逆和守恒的概念，他们的逻辑思维得到快速发展；12岁以后的青少年，抽象思维发展迅速，被称为形式运算阶段。随着现代理论的发展，皮亚杰的理论因为分阶段孤立地研究儿童而备受批评。在中学，教师可以发现尽管大多数中学生的智力发展都进入具体运算阶段或形式运算阶段，但是也有中学生处于皮亚杰所定义的其他智力阶段。所以，教师应该在教学中忽略年龄的智力差别，而把重心放在研究学生学习某门课程的方法和过程上。

教育家维戈茨基（Lev Vygosky）提出了"社会文化理论"，他认为人的一切活动都应从社会环境及相互联系中加以理解，强调文化因素在心理发展中的作用。他最早提出了儿童外部动作"内化"为智力活动的理论，强调儿童"活动"的作用，并使儿童外部活动和内部活动相互转化，构建了儿童思维发展模式。他认为儿童和周围的人进行社会交流，通过外部活动吸取知识，然后逐步内化吸收，这就是儿童智力发展遵循的模式。维戈茨基还发现，家长和教师与儿童之间存在着大量的"鹰架教学"情景。家长和教师通过重复重要的语句和使用手势，为儿童强调语言的含义，对儿童的语言作出反应，为儿童学习创造了一个鹰架，帮助他们顺利地学习和发展。

信息处理理论源于计算机编程，虽其理论基础不严密，但实用性很强。与计算机工作原理相似的联结模式把儿童的学习和大脑功能结合起来，了解这一理论，对教师的教学有很重要的指导意义。这种理论在课堂教学中得到充分运用的一个极好的例子就是：教师通过把学生已学知识和将学的知识联结起来，学习易化新知识。

所有的这些理论和模式都为教师提供了有益的指导，没有这些理论的支撑，就不能保证教师的教和学生的学顺利完成。教师在教学实践中发现，14岁左右的学生开始在学习方法上出现差异性，他们的独立性增强，经常迫切地接受新的学习任务和尝试新的思维方式。但是教师应该有这种基本认识：所有的学生都是积极的、能动的学习者，教师的指导能发挥积极作用，但有时也会起负面的作用。所以，了解大脑的生理学知识有助于教师的教学。教师应从所有的发展理论和模式中吸取营养，把它们运用到实践中，指导实践。这些理论的重要性对教师不言而喻，本书只提供了了解儿童大脑发育和学习过程相关理论的简单框架，作为我们学习的导论。

相关链接

第 37 节　如何引导学生的学习和行为

教师的引导主要指在参与学生小组或个体学习活动时，采取提问方式，要求学生说明原理，促进他们完成学习任务。对学生的有效引导可以促进他们的思维发展。在提问时，教师不要立即给出答案，否则学生会对学习失去兴趣；问题也不能太简单，否则无益于培养他们解决问题的能力。教师要训练学生处理问题和自我决策的能力。

教师也可以加强对学生行为的引导，制止学生不良行为和预防进一步恶化。教师察觉班上出现诸如不同寻常的噪声、调皮学生开始坐立不安、思想开小差等现象时，要根据对学生的日常行为观察，立即采取有效措施，防止事态进一步恶化，比如让学生意识到教师正在盯着他们。教师在干预学生不良行为时，先要准确地确定对象，因为冤枉学生会造成他们对教师引导的厌恶情绪。同时还要注意避免处罚学生。

相关链接

第 31 节　如何实施小组教学

第 34 节　如何培养自主学习能力

第 44 节　如何提高倾听和交流艺术

第 58 节　如何提高问答教学法艺术

应对策略

1. 掌握每个学生需要教师引导的程度。
2. 教师最好采取提问方式引导学生，促进学生独立思维。
3. 提前引导，避免情况进一步恶化。
4. 时常关注调皮捣蛋的学生，给他们敲警钟。

拓　展

20 世纪前半叶，俄罗斯作家和教育家维戈茨基主要研究儿童发展与教育心理，着重探讨思维和语言、儿童学习与发展的关系问题，创立了著名的"社会文化理论"。其理论中的"最近发展区"是大家最熟悉的概念之一，包含两种行为水平，即独立行为水平和帮助行为水平。"最近发展区"是指这两种行为水平之间存在的一个区域，儿童在最近发展区内的发展就是帮助行为变为独立行为的过程。因此"最近发展区"事实上是指儿童实际心理年龄所能达到的水平与儿童依靠帮助所能达到的水平之间的差异，是学生学习潜能的指向标。它除了能让教师更重视儿童的发展潜力、更理智地评价儿童的能力之外，还能使教师在教学过程中对成年人与儿童的互动作用给予更多的关注。教师可用各种手段调整解决问题的难度，使儿童能在自己的最近发展区内发展认知策略，实现潜在的技能，获得独立行为的能力。优等生在教师的引导下，理解力和表达力均得到显著提高。这就是"最近发展区"理论在教学中的实例。

"鹰架教学"是在运用"最近发展区"理论的过程中提出的，是解释教师通过干预来帮助学生学习的一个术语。如果教师为学生在最近发展区内提供一个鹰架，就能使学生在一个更高的水平上有所作为。在今天学生需要你帮助才能完成的学习任务，到明天就可以独立完成了；现在需要大量帮助才能完成的学习任务，可能不久后就只需要很少的帮助或者不用帮助就能完成。整个的教学过程，事实上是教师与学生之间的责任迁移。开始学习时，教师的责任是为学生提供复杂的干预和大量的鹰架，给他们一定的指导，包括：为他们提供正确的演示；减少或简化解题的步骤，使他们能够操作；保持学生追求目标的兴趣；指出学生的现实行为和理想行为之间的差别；为学生演示正在进行的行为的理想状态等。在此过程中，学生开始的角色是观察者，后来变成参与者。教师要确定什么时候移走鹰架，并增加学生独立行为的机会。随着学生在学习活动过程中发挥的作用越来越大，行为责任开始迁移。换言之，教师把学习任务逐渐移交给学生。用鹰架并不会使学习任务本身发生变化，但是学生的行为责任却增加了。墨瑟（Mercer）和道斯（Dawes）在研究课堂上师生间和学生间的对话是如何促进学生学习时发现，"鹰架教学"和"最近发展区"理论都能有效解释课堂对话的合理性。

第 38 节　如何培养基本技能

在英格兰，政府要求所有中学的各门课程都要覆盖基本技能的训练。学生从"关键阶段 4"开始，要掌握数字运用、信息技术、团队协作、改进学习方法、提高学习成绩、解决问题等六项基本技能，并取得相应的资格证书。到"关键阶段 5"时，专门有一个单元为学生讲解应掌握的基本技巧，帮助培养学生的各种技能，包括学习技能。教师应通过课程教学来培养学生的学习技能。

相关链接

第 2 节　如何培养学生的主动学习能力

应对策略

1. 通过教学课程组、年级组和其他课程组制订的教学计划，保证在教学中系统地实施六项基本技能的训练。

2. 教会学生把课程学习和基本技能的训练有机结合起来。比如教师可以把具体的学习任务和基本技能的训练融合在一起。

3. 教学重点和基本技能训练必须紧密结合。

4. 随时随地在教学中训练学生的六项基本技能。

5. 有效使用各种教学资料训练学生的基本技能：阅读材料、学生作业、网络等。

6. 传授基本技能，使学生有目的地使用教师准备的教学资料。

7. 充分利用学生可以独立使用的教学资料，如家庭作业。

8. 布置由两人学习小组完成的具体作业。

9. 培养学生系统地评价自己的学习能力。例如让学生根据提供的标准答案自我检查作业。

10. 在学生的学习任务计划中设置自我评价表。

11. 对学生学习内容、学习方法和学习策略等方面提供反馈信息。

12. 制订学生应该达到的学习目标，规定他们应该完成的学习内容。

拓　展

通过课程教学，教师教会学生学习的方法，增强学生自主学习的能力，训练学生批判性思维。但是，随着自信心的增强，这些学生也会对教师传授的知识提出质疑。虽然这种现象值得祝贺，但是教师又不得不思考，如何进一步提高学生的自主学习能力。

第 39 节　如何制订教学目标

教师在制订学年、学期教学计划时，一定要明确学生达到的目标：是获得新知识还是掌握新技能。一节课的教学目的可以是巩固上节课的内容，也可以是测试学生掌握知识的程度。一上课，教师就要向学生说明教学目标是什么，可用"介绍"、"达到"、"练习"、"运用"、"修改"、"评价"等词语。

教学目的强调学生的是学习质量和学习过程，不是学习任务的完成，因为完成任务是达到目的的手段。例如"介绍前缀的用法"，这是教学目的，而"完成练习10"则是教学任务。针对学生水平的差异，有些课还设置了二级目标，便于教师实施因材施教。

操作性强、条理清楚的教学目的可以保证教学顺利进行，突出教学重点。由于明确了对学生的要求，学生评价工作就得以简化。有时，教师对学生课堂评价的标准与教学目标相似，是教学目标的一部分内容。所以，教师有必要记录每个学生、小组和班级是否达到了教学目标，以此作为制订后续的课程教学目的和计划的依据。

相关链接

应对策略

1. 正确区分教学目标和教学任务，确定教学目标。

2. 充分利用二级教学目标，针对学生个体，实施因材施教。

3. 制订的教学目标应该在一两节课里就能实现。

4. 根据学生以前的学习经历，制订教学目标。

5. 每节课都要有传授、巩固和运用知识的环节，不一定每一节课都有一个新的教学目标。

6. 把教学目标和教学评价有机结合起来。

拓　展

如果教学目标明确、具有可操作性，学生又清楚地了解每节课的学习目的，他们的学习积极性就会提高。一开始上课，教师就要让学生了解教学目标。教师可用在黑板上板书的方式，也可以通过布置家庭作业来达到目的，或了解下半期的学习任务等方式，让家长了解教学目标。教师可以根据策略的有效性确定最佳方法。

详细制订的一系列教学目标，不仅要有利于学生的学习进步，而且要为检查教师的学年计划和学期计划提供依据。教学目的和要求不是一成不变的，教师要根据具体情况适时修改：有时学生没有达到既定目标，下一课时可再尝试；当学生碰到他们感兴趣的教学内容，学校发生重大事情，学生带来新奇玩具时，都可能促使他们学到超出教学要求的知识，这些突发情况和教师计划的活动一样，都有助于达到教学目标。但是，教师应该评价学生从中的收获。这是非常有益的经历，因为教学充满了不可预料性。

第40节 了解学生独特的学习方法

每个人都有自己独特的学习方法，所以，教师的职责就是在教学中充分发挥学生的学习方法的优势，尽可能为学生提供改进学习方法所需的各种策略。

人们依靠五种感官来感觉和了解世界，但对五种感觉，每个学生的依赖程度不一样。有的学生是视觉型，有的是听觉型，有的则是动觉型。但无论哪一种学生，教师都不可忽视他们对五种感觉的依赖程度，在实际教学中用视、听、动三觉来传授知识，具有巨大的现实意义。值得注意的是，教师的学习方法有可能成为教学方法。因此为了有效提高学生的学习能力，教师要考虑和使用学生偏爱的学习方法，同时适时培养他们使用新的学习方法。

利用视、听、动三觉为基础的教学策略，为学生提供了多种学习方法，这里介绍如下：

视觉教学法——教师可以展示带有插图、图表、地图等的文本，加深学生对课本知识的理解，用光碟、数字影碟、广告张贴画、关键词、演示、记忆地图等方法提高学生记忆力。

听觉教学法——教师创造机会，让学生听、谈论和作报告。通过听收音机或录音机等方法，让学生在头脑中构建知识框架，用声音巩固知识。

动觉教学法——在讲解、演示和设计任务的过程中，教师用角色扮演、运动体验、手势、肢体语言等吸引学生积极参加教学活动。

相关链接

应对策略

1. 每个学生有自己独特的学习方法，课堂上的表现也不一样。认识到这一点，教师就可以正确判断学生的行为。例如动觉型学生坐立不安，这表示他们希望积极参加教学活动，不是有意违反课堂纪律的不良行为。

2. 教师都有自己偏爱的教学方法，在制订教学计划时要有意识地考虑其他方法。

3. 观察学生对教师使用的教学方法的反应，帮助他们改进学习方法。

4. 通过与学生讨论和探索不同学习方法和策略的利弊，使他们知道自己偏爱的学习方法，认识到学习其他方法的重要性。

拓　展

教师通常认为学生的学习方法和他们的认知方式是有联系的，但这有待于进一步的科学研究。赖丁（Riding）和雷纳（Rayner）两人研究大量实例后，推荐了两种有效的学习方法：系统分析学习方法和诵读想象学习方法。采用前一种学习方法的学生从整体上把握知识，而采用后一种学习方法的学生习惯于通过口头表达和头脑想象来掌握知识。

2003 年，加德纳的研究认为，人有多种智能，最明显的是音乐智能和数学智能。他指出，人是擅长解决问题的高手，面对不同的任务，会用不同的思维方法。加德纳的理论在美国的教育界受到推崇，从幼儿园到高等学校，随处可见加德纳理论的影响。赞同加德纳理论的教师和教学队伍在教学中充分考虑学生的特殊才智，鼓励他们认识和发展自己的智力优势，挖掘自己的潜力。

第 41 节　如何编写课时教案

　　详细的课时教案必须与学期计划保持一致，仔细记录教师一节课的结构和组织方式。它包含时间安排、具体内容、教学资料的使用。详细的教学课时教案的具体格式因人而异，但它必须包括如下内容：教学目的、评价标准、时间安排、分组方式、分组时间、教学活动组织形式、教学资料、教学内容、教学要点等。

　　教师制订课时教案时，要对拓展活动进行安排，以备完成作业早的学生使用。拓展活动不涉及新知识，但应有难度。教案的最后要包含总结，方便教师再次强调本节课的教学目的，总结教学内容和布置作业等，使学生对已经学习和即将学习的内容有清晰的了解。

　　教师的课时教案在授课时最好用透明的塑料文件夹装订起来，既可保持整洁，又便于阅读，放在手边，便于随时使用。教师还可以把课时教案的要点列出来，在课堂上只需看一眼就可以回忆起自己的安排。

相关链接

应对策略

1. 充分备课，制订详细的教学活动方案，增强教学的目的性。
2. 严格遵守时间安排，不要轻易改变。
3. 保证每节课的开始和结束时向学生强调教学目的。
4. 教案要简洁、易读，可用笔标出关键词和重点内容。
5. 运用评价手段，检查教案执行情况。

拓　展

穆伊斯和雷诺兹把课堂教学方式分为两类：填鸭式和互动式。大多数的课堂教学会综合运用这两种方式，因为一项学习任务有时需要几节课来完成，教师的知识输入和学生的练习巩固都是必不可少的。以教学时间安排和教学内容为例，教师一般采用"三段式"教学模式：教师讲解——学生小组活动——教师总结。教师的讲解通常包括对相关旧知识的复习。

教师在写课时教案时，必须思考如下几个方面：教学目的、评价标准和模式、教学内容、教学活动组织方式和安排、拓展活动、课堂总结、教学评价手段。此外教师不仅要考虑学生的活动，还要明确自己或辅导教师，在课堂中应该发挥的作用和各自完成的任务，特别是小组活动时，教师常常因为要维持课堂纪律而占用讲解的时间。另外教师要考虑学生在完成学习任务时速度的差异，要制订切实可行的计划，处理学生提前完成学习任务和不能准时完成学习任务这两种特殊情况。

第42节　如何做好学习水平描述

《英国国家课程大纲》规定了学生学习成绩的水平描述，要具体描述每个年级学生应该达到的课程标准和要求。教师根据大纲描述的水平要求，评价学生的成绩是否达标。

在英格兰和威尔士，根据课程标准，7岁的学生应该达到2级水平，11岁的学生达到4级水平，14岁的学生达到5级水平或6级水平。在"关键阶段4"，国家将举行普通中学资格考试，检查学生是否达到大纲要求。

水平描述通常作为学校内部教学评价策略和成绩报告的一部分，但是，在英国全国范围内，在关键阶段学习结束时，几乎每个学生都要接受语文、数学和自然学科的考试，以检查他们的学习水平是否达到国家规定的标准。学生的国家考试成绩和教师评价都要通知家长，以便家长了解学生的学习情况。

相关链接

第 16 节　英国学校教育的课程体系
第 29 节　如何做好教学评价
第 51 节　英国中等职业教育

应对策略

1. 设定符合国家教学大纲的学习内容和任务。
2. 详细记录学生的学习情况，为大纲的水平描述提供足够的资料。
3. 明确教师学年评价要求，建立教学评价和教学记录体系。

拓　展

国家考试以终结性评价方式给家长、学生。教师反馈学生所取得的成绩，要和全国同龄学生的成绩作比较。从学校的角度来说，学生成绩反映了学校的教学水平。

教师应该清楚，考试只测试了学生的部分知识。"最合适的评价"只表明这个学生在绝大多数方面达到了绝大多数的指标，但不是全部。教师平时的教学记录形成的评价才可能准确评价学生已经掌握了什么，没有掌握什么。即使这样，教师也难以准确评价和了解学生在某个阶段掌握知识的程度。

第43节　了解儿童语言发展规律

在中学阶段，同龄学生之间的语言水平差异相当大。大多数学生的语言水平进入了越来越复杂的阶段，但仍然有一些学生的语言水平停留在发展的初级阶段。也许对绝大多数学生来说，听、说、读、写的技能还需要教师在课堂里教授。国家对中学这个关键阶段提出了培养学生基本技能的要求，语言技能就是其一。例如在英国的中学里，学校要传授技能，帮助学生在和他人进行口语和书面交流时，如何理解语言的意义并作出回应。学生还要学习如何选择恰当的课本，找到问题答案的出处；如何对自己提问等技能，这些都需要通过教师严格的训练。准确领会原文信息，对成年人也是一种挑战，这也是语言学的一个新领域。

科学家发现，婴儿出生之时对母亲的语言本身没有任何反映，他们的注意力放在母亲说话的节奏、音高和韵律上。10~12个月大的婴儿逐渐熟悉这些声音，并能加以区别，同时把词语的发音和意义联系起来，开始说出第一个字，从此便有了语言。由于英语语法不规则，儿童学习语法的时间较长。到了3岁，很多儿童的语言准确性只有90%，很多儿童的语言还需要家长的纠正。这说明为学龄前儿童提供丰富的语言环境有助于儿童的语言学习和发展。

从儿童5岁开始至青春期，他们的词汇量可以激增到3万。此时，他们对语言的理解和使用能力日益提高，他们的语言包含复杂的语法结构、代词指代现象、隐喻和讽刺等修辞手法。学生把这些语言知识运用到阅读和写作的学习中。教师应该清楚地知道，阅读和写作技能与口语不同，它们是不能自然习得的，要依靠后天培养。大多数学生需要教师的讲授才能学会阅读和写作的技能。例如教师要让学生知道：课文中书面文字的任何符号都是有意义的，包含字母、词与词之间的距离、标点符号；课文的书面文字与口语接近，但又不完全一样。

书面文字和口语的一大区别就是，书面文字能保存下来，作为反复阅读的对象。以英语为例，要学会读和写，学生必须学习复杂的字母表、语法规则和语法不规则的现象。英语由26个字母组成，但有44个音素。相同的字母在不同的词汇里的发音完全不同；相同的音素在单词中却是不同的字母。学生常见的一个难题就是，有些单词听起来是一个音素，实际上却由三个音素构成，比如"cat"。阅读能力差的学生就很难掌握这些规则。但是教师要看到，通过指导，大多数儿童8岁时就可以有阅读能力，然后写作能力逐步发展。值得注意的是，在中学阶段，优等生和后进生之间在读和写能力方面就存在相当大的差异，有些中学生仍然感到读写困难。

相关链接

第 44 节　如何提高倾听和交流艺术

教室是学生受教育的地方，也是学生的第二个家。作为教师，我们要为学生创造良好的学习环境，让学校和家庭融为一体。

学校是学生学习新知识的场所，但他们不是一张白纸，在家长的教育下，他们已经具有初步的知识和道德基础。在教学中，教师要合理地把学校教育和家庭教育结合起来，利用儿童已有知识和经验提高学校教育质量。

教师倾听学生的心声，和学生对话，会让学生感到受重视，从而更积极地参与学习。如果教师同每个学生都有很好的谈话和交流，与学生保持良好的沟通和了解，就有利于创造良好的学习环境。

教师和学生建立良好的教学关系，在本质上和成为学生的知心朋友有不同之处。良好的教学关系是以教师为主导的双向关系，教师要时刻牢记自己的身份。但是，教师要平易近人，关心学生，和学生建立友谊。如果学生需要帮助，就伸出援助之手，关注学生个体的全面发展。不要等到学生毕业后才后悔没有成为他们的朋友。

相关链接

应对策略

1. 创造机会，发挥学生已有知识和经验的长处。

2. 找时间倾听学生的心声，可用正式或非正式的方式。

3. 对学生和学生的学习都要关注。

4. 引导学生讨论学习的难易点，并作出评价。

5. 与学生共同学习倾听艺术。

拓 展

波拉德（Pollard）研究了课堂中的师生对话，得到一些很有意义的结论。他发现，在 1980 年进行的一项研究中，学生与教师间的交流时间占全天的 12％；而在 1994 年的另一项调查中，师生交流时间上升到 40％。在教学大纲中占重要地位的语文、数学和班集体教学，促使了这个数字的上升。这说明成功的师生交流在班集体教学中极其重要，它不仅包括教师清晰的讲解和指令，还包括师生间的倾听和反应。常见的教学模式是：教师发问——学生回答——教师点评，但这种模式并不是真正意义上的讨论和交流。

波拉德和他的同行们通过研究，把倾听行为分为四种形式：互动式、反应式、辨别式和欣赏式。互动式的倾听行为是交流双方真正意义上地探讨某个问题；反应式是指通过倾听对指令作出相应的回应；辨别式是区别不同音的倾听行为；欣赏式是给倾听者带来愉悦的行为，比如听故事、听音乐、欣赏诗歌等。你的课堂是如何运用这些倾听方式的呢？

第 45 节　如何培养学生的读写、计算和运用现代信息技术的能力

在学生的学习和生活中，听、说、读、写等语言能力和运用理解数学的能力，对他们的学习和将来的发展至关重要。同时，随着社会的发展和对计算机依赖性的增加，现代信息和通信技术在我们的工作和生活中起着越来越重要的作用。教师在课程计划和教学中，都要寻找合适的机会培养学生的读写、计算和运用现代信息技术的能力，这些能力的培养贯穿于所有的课程中。

教师明智的做法是，通过各种课程培养学生的语文、数学和运用现代信息通信技术的能力。例如教师可以用多媒体技术方便地展示图片、地图和影片。通常，这样的展示更有概括性，而且会更全面。无论学什么课程，学生都要以口头和书面的形式清楚地陈述观点，表达思想。讨论学习方法、课程概念、学科思想就是很好的读写训练。同样，所有的课程都有特定的计算能力要求。

在学校，信息技术的运用主要在两个方面：辅助教学和辅助学习。教师可以大量运用信息技术辅助教学，提高教学质量；学生利用信息技术辅助学

习，培养运用信息技术的能力，从而达到提高学习水平的目标。教师可用读写、计算和现代信息技术从以下几个方面提高教学水平：

1. 制订学年、学期教学计划。

2. 进行教学评价，详细记录学生的表现。

3. 准备教学材料。

4. 准备展示材料。

5. 提高读写、计算和运用现代信息技术的能力。

同时，读写、计算和运用现代信息技术（包括计算机硬件、软件和网络信息）可以巩固学生所学知识；另一方面也可以丰富学生的学习经历，提高语文和计算能力以及运用现代信息技术的能力。

教室中多媒体设备包括投影仪、屏幕、影碟机、计算机、放映机、透明胶片音箱、收录机等，教师需要充分备课以便教学设备能在课堂上得到有效使用。比如教师是否使用投影仪、手提电脑等，都需要课前计划好。

相关链接

应对策略

1. 学期计划应包括读写、计算和运用现代信息技术三种能力的培养。

2. 在多媒体环境中进行教学活动时，要组织好课堂教学结构，明确教学目的和教学内容。

3. 只有一台计算机，要精心挑选和安排教学内容，保证每个学生依次轮流使用。培养擅长操作计算机的学生做教学小助手，以便帮助教师辅导其他学生。

4. 班集体教学使用一台电脑，如有可能就再加上投影仪。

5. 提供各种形式的读写、计算和运用信息技术的训练。

6. 开设专门的信息技术课，提高学生的操作能力。

7. 把培养学生的计算、读写和运用信息技术的能力有机结合起来，促进课程教学。

8. 在授课前，检查设备的硬件和软件，保证设备运转正常。

9. 准备好在课堂上使用的各种计算机程序。

拓　展

由于计算机的普及，特别是因特网的发展和它提供的大量的信息，教师不得不反思传统的教学手段、知识与技能的平衡，由此带来了一系列的问题。例如哪些学生的家庭有电脑？没有电脑会不会妨碍学生的学习？就像建立"家庭作业俱乐部"一样，是否可以建立一个课外信息技术中心，为没有电脑的学生提供方便？

另一个要考虑的问题是计算机程序。教师不得不慎重考虑：学生从这些软件中学到了什么？计算机是否能促进学生的自主学习？它们能否提高学生的思维能力？和选择具体的教学活动一样，教师在选择课堂用的计算机程序时，要考虑程序的目的，因为教学软件种类繁多，有益智类、信息类、游戏类、解决问题类等。学校的多媒体教学越来越重要，通过屏幕，学生可以找到所需的信息、建立多媒体文本、建立自己的网页、用计算机制图、制作动画以及其他计算机辅助运用。

学生应该首先掌握读写、计算和运用现代信息技术，教师和教辅人员必须知道怎样教语文、数学和现代信息技术，怎样用它们来教授自己的课程，提高专业水平和教学水平。

第46节　如何制订学年计划

为了保证法定的教学大纲（如《英国国家课程大纲》）在学校顺利实施，保证不同班级的同龄学生所学的知识相同，保证课程的连续性和教学内容的阶梯性，教师应制订长期教学计划。长期教学计划是指每门课程教学内容的安排，通常是一学年，又叫学年计划。学年计划应根据中学教学大纲来制订。

如果发现原来的学年计划不合理，教师必须和同事、课程负责人一起讨论，作出调整，确定目标，安排教学进度，设定每节课的内容，制订学期计划。第二年，教师也可以重复采用同样的计划结构，只根据具体情况作微调。

相关链接

第 16 节　英国学校教育的课程体系
第 48 节　如何制订学期计划

第 72 节　如何发挥教学团队作用

应对策略

1. 与同事、课程负责人协商，共同制订教学学年计划。
2. 明确国家和学校对学生本学年要达到的课程标准要求。
3. 按比例把学年的教学任务分成四部分，以半期为单位。
4. 根据列出的教学要点制订学期计划。

拓　展

不同国家有不同的课程计划要求，但大多数目标是相似的。在英格兰，提供一个规定的课程计划是《英国国家课程大纲》的法定要求。《英国国家课程大纲》规定了 5~16 岁学生的学习内容、学习要求和学习目标，同时将学生的水平分为 10 级。另外在学生 5~14 岁时，国家举行 3 个关键阶段的统一考试，测试学生和学校是否达标。为此，国家制订了学生应该参加的国家资格考试规划。在中学阶段，为了帮助学生准备参加第三个关键阶段的国家统一考试，教师在制订学年计划时要把《英国国家教学策略》的内容考虑进去。

保证学年计划的连续性是一个全校性的规定，这样才能保障学生取得学业上的进步。按照课程大纲（如《英语语文教学大纲》）的规定，教师的学年计划中应包括国家和学校对学生的各项要求。制订计划时既要做到在量上的合理，又要保证覆盖面和各门课程的平衡。教师往往想教的内容很多，但时间有限。如果是《英国国家课程大纲》没有规定的课程，就由学校或教师来决定教学的目标、要求和内容等。

学年计划的制订通常是集体参与的结果，由课程组全体教师和辅导教师共同讨论制订。

第 47 节　如何批改学生作业

教师在批改学生作业前，师生双方都要明确批改作业的原因和目的。每个成年人都有把自己的工作文件和作品的初稿等让他人评价的需求，而每人也会因此建立自己的一套评价体系和策略，评价有时会对被评价者的工作发挥意想不到的积极作用。尽管学校与社会不同，但我们可以利用评价的优势，通过批改学生作业，提高学校的教育质量。教师批改学生作业时，要考虑如下几个问题：

1. 是否要求学生做作业要先打草稿？

2. 是否批改学生作业？

3. 怎样处理学生修改后的作业？要求学生修改几次？

4. 作业在学生的知识学习体系中发挥什么作用？

5. 是否有必要提供标准答案？

在学校，教师给学生作业打分是一种传统的教学反馈方式。有些教学班人数多，教师难以掌握学生的学习情况，作业分数可给教师提供有效的教学反馈，记录学生的进步，检测学生的学习结果。按等级评价学生作业属于评分的一种，它提供了和其他学生或规定的标准相比较的等级。通常，教师想知道作业评语是否带来良好的效果，然而一般性的评语难以保证学生遵从教师的建议，所以教师的评语应充满鼓励的语言、富有建设性。

在写评语时，教师应注意如下几点：对学生作业的评语应具体指明，让学生知道下一步该怎么做；对学生作业终稿的评语应该是积极的、透彻的，并以表扬为主；用合适的时机当面批改学生作业，与学生交流；尽最大努力，及时反馈作业信息，因为学生往往急于知道结果；安排时间，采取小组或全班讨论等积极的方法，指出学生在作业中的错误；培养学生做作业打草稿和自我检查的学习方法。

处理作业的另一种方式就是学生自我评分，鼓励学生自我反馈，教师在合适的场合可以采取这种方式。在实施时，教师必须使学生明白改正错误的重要性，同时还要仔细监控这一过程，因为激烈的竞争让学生难以正确地自我评分。

相关链接

应对策略

1. 利用合适的机会，听取学生对作业评语的意见。
2. 作积极评价和提供切实可行的建议。
3. 每半学期至少检查一次每个学生的作业。
4. 及时和学生讨论作业中的错误。
5. 在下次上课前，改完作业，返给学生。
6. 用恰当的时机，让学生自己修改作业和评分。
7. 鼓励学生讨论作业中的错误。
8. 考虑让学生继续做一些在课堂上要做的作业，不要等着评分。

拓　展

批改作业是一项长期以来实行的教学传统，所以，该回顾这个传统了。它能起什么样的桥梁作用呢？在强调终结性评价的传统教学环境下，它曾发挥了不可替代的作用。随着教学方法和理论的发展，人们越来越关注形成性评价，这就要求教师为学生提供富有建设性的反馈信息，更好地帮助学生改正错误，促进他们的学习。教师指出并改正学生作业中的错误，远比为学生提供标准答案的效果好。教师给学生批改作业，同时还要介绍和传授自我评价策略。

在 2005 年，海登（Haydn）提出了教师教学评价的注意事项，并研究了教师教学评价的效果。教师选择某种批改作业的方式，就决定了教师对学生作业的期望值和上课评讲作业的时间。教师从家庭作业、学生的表现、学校规章、学校与家长的交流中能得到各种反馈信息。

第 48 节　如何制订学期计划

学期计划是根据学年计划或教学大纲所制订的计划，它往往覆盖的时间是几周，又叫中期计划。在学期计划里，教师要考虑教学目的、教学方法、辅助教学活动、教学资料和教学内容。在制订学期计划时，教师还要决定哪几堂课适合用展示材料来促进教学；制订使用多媒体设备的预案；把中学阶段要求学生掌握的基本技能融入教学中；实行因材施教的教学方法。教师的课时教案是具体实施学期计划的手段和方法，所以必须和学期计划保持一致，并达到平衡。随着课程进度，根据学生的具体表现和课堂评价，教师应适时修改学期计划。

相关链接

第 18 节　如何实施因材施教
第 41 节　如何编写课时教案
第 46 节　如何制订学年计划
第 62 节　如何有效利用教学资料

应对策略

1. 根据学年计划、教学大纲和课程大纲，制订本学期或半学期应完成的具体教学任务。

2. 仔细考虑并制订教学目标。

3. 制订因材施教的实施方针和分级目标。

4. 整合本学期要用的教学资源。

5. 把学生必须掌握的基本技能和现代信息技术的运用有机结合起来。

6. 计划和安排教学展示。

学期计划和学年计划的制订有相似性，其不同之处在于学期计划更详细，要考虑高效的学习环境、教学方法、学生的知识输出方式等方面。虽然有些方面可以按计划一步步实施，但是在制订学期计划时，要留有余地，让教师能创造性地选择新方法和教学新体系，解决教学中的问题。

第 49 节　如何处理概念误解问题

正确地理解事物及其发展有助于避免学生产生误解，但是他们有时受自己的思维方式和知识结构的局限，对事物及其发展产生概念误解，最常见的例子是学生的想当然。所以，当教师传授知识时，首先要保证自己的知识准确无误，同时还要仔细观察学生对知识的理解程度，防止学生犯想当然的错误。一旦发现错误，教师就要采取措施进行修正和纠正。修正和纠正学生的概念误解，比教他们一次性准确掌握知识更困难。教师有时被迫重复教学内容，以解决学生概念误解的问题。

在课堂上，教师如果发现大部分学生错误理解了某个知识点，最好的方法莫过于中断教学过程，再讲一遍；在批改作业时，碰到此类情况，教师要在下一堂课进行专门纠正。教师还可以利用多种教学策略，帮助学生纠正概念误解。一种方法是在教师引导下，学生之间相互讨论错误；另一种方法是在课堂上一经发现误解或错误，教师就直接干预，询问学生是如何思考的。通过思考，学生自己往往能发现错误，如果还不能发现错误，教师就通过询问，了解其解题方法，给出恰当的建议，帮助学生处理误解问题。

学生认为，犯错误和错误理解概念实质上是一样的，是学习失败的一个表现。而实际上，它只是理解道路上的一个指示牌，提醒学生重新作出正确的理解。对于概念误解问题，教师要积极引导，而不是发出简单的教学指令，如"在学习新内容之前，给大家 5 分钟时间改正错误"。

相关链接

应对策略

1. 如果大部分学生没有听懂，就停下进度，重复讲解。

2. 让学生有时间讨论和纠正错误。

3. 安排时间让学生探讨所犯的错误，寻找犯错误的原因。

4. 询问学生思维的过程，不要直接给学生解释和答案。

5. 批改作业，要注意学生理解概念是否有误；如果有误，教师就要与学生及时交流。

拓　展

教师扎实的学科知识是预防学生错误理解概念的先决条件。授课前，教师要研究教学内容，检查自己对概念的理解是否准确，根据自己的学习方法，把大量的知识系统化、科学化。教师在讲授概念时，准确是第一位的。比如

"两个数相乘的积一定大于乘数；两个数相除的商一定小于被除数"，这样的表述就有概念性错误，因为它只考虑了自然数，排除了分数。如果学生把这个概念运用到分数中，他们就会出错。教师在解决学生错误理解概念的问题时，要明确指出错误之处，并提供解决方案。

第50节　如何激发学生的学习动机

对教师而言，激发学生的学习兴趣，培养良好的学习习惯非常重要，但激发学生的学习动机是关键。

在学校里，有些学生的学习积极性很高，而有些学生对学习不感兴趣；有些学生希望学习优异，而有些学生认为自己学不好；有些学生认为学习成绩好的原因是他们运气好或学习努力，而有些学生则认为天资聪明才是主要原因。对这些现象的分析，可以帮助教师了解能力接近的学生为什么学习成绩有差异。学习动机与个体对学习的期望值和学习目的息息相关，而每个学生的学习目的、学习方法和努力程度因人而异。教师如何最大限度地激发学生的学习动机成为教师备课时要考虑的重要因素。

学习动机是指个体发动和维持学习活动的内部动力，是学习活动产生与持续的、内部的、心理上的原因。根据动机产生的条件，可分为内部学习动机和外部学习动机。具有内部学习动机的典型学生对学习活动本身感兴趣，无需学习以外的情景动力。他们由于好奇心、兴趣和内在的学习需求和学习乐趣，乐于学习，比其他学生有更强的自我控制力。他们只关注学习，不在意别人的看法。具有外部学习动机的典型学生依靠学习活动以外的各种情景提供的奖励来维持学习兴趣，典型的外部学习动机是赏罚。他们学习的目的是为了避免处罚、得高分或取悦某人。但是对很多学生来说，两类动机同时存在。

马斯洛（Maslow）的研究表明，每个人有一系列有层次的基本需要，要想成绩突出，首先需满足其最基本的需求，如充足的睡眠、对爱的需求等。一个饥饿、疲倦、没有安全感的学生是不可能学习好的。

相关链接

第2节　如何培养学生的主动学习能力

第10节　如何培养竞争意识

应对策略

1. 承认学生的价值。在课堂中，尽量减少批评和指责，要表扬学生取得的成绩。

2. 培养学生自我评价的能力，帮助学生认清取得成功和失败的真正原因：是天赋还是努力程度。比如用"你学习真努力"来表扬学生勤奋，而用"你真聪明"来表扬学生的才智。

3. 选定学生经过努力就能取得成功的学习任务，帮助他们建立自信，让他们相信自己通过努力可以成功。

拓　展

行为主义理论强调建立一个有刺激机制的学习环境，巩固学生所学的知识。这种理论认为，学习者的内部动力、情感因素和心理需求都不重要，它们和学生学习水平的高低无关。教师在教学中常用外部刺激法，例如通过奖励学生的操行分，增加玩游戏的时间等来刺激学生，通过剥夺学生的一些权利来处罚他们。与之相反，认知主义者则相信，动机是促进学习的核心因素。上面的应对措施就是针对怎样激发学生的学习动机的。学习动机与学生对自己能否成功完成任务的能力的判断有关，而过去的经历、朋友的演示（同龄人带来的压力），其他人的反馈等都会影响学生的自我评价。

第51节　英国中等职业教育

在英国，政府规定中学生必须参加短期的职业培训，一开始在学校接受培训，然后到公司或工厂实习，18 岁以后中学生就进入高等学府进一步深造。英国的这种集学业和短期职业培训的人才培养模式在教育界并不是首开先河，它为中学毕业生提供了多种职业证书，这是英国政府的最新尝试。这表明学校教育应该把重心转移到学生的职业培训和为他们提供平等机会方面。有些学生选择继续学业的同时，还参加职业培训课程或努力获取短期职业培训资格证书。每种资格证书都有等级，分为初级、中级、高级三个层次。在英格兰，如果学生中学毕业只有 16 岁，政府就鼓励学生再学习两年，这属于政府的"培养终身学习者"计划的一部分。

《英国中等教学课程大纲》规定，14～19 岁的中学生，在"关键阶段 4"和"关键阶段 5"必须参加国家考试。按照教学常规，中学生 16 岁应该参加英国普通中学资格考试，如果他们的各科成绩及教师提供的少量平时成绩达到要求，他们就可以获得相应的资格证书。这些考试是国家教育大纲的基本要求，分为不同的等级。中学生在初级阶段应该参加 1 级水平考试，在中级阶段应该参加 2 级水平考试，在高级阶段应该参加 3 级水平考试。考试前两年，中学生专攻少量的课程，要么是文科类课程，要么是理科类课程。

英国普通中学资格考试和中学高级阶段的三级水平考试，都涉及短期职业培训科目的内容。英国普通中学资格考试中 45 门课程是关于学业的，8 门课程是关于职业培训的。中学高级阶段的学习中，80 门课程里包含 14 门职业培训课程。

在校中学生还可以参加 1～3 级的英国国家职业资格考试，这些考试为学生提供与具体工作相关的职业技巧，比如：砌砖、美发、幼师、服务和制造等。学生毕业后，参加工作时才能获得 4～5 级的英国国家职业资格考试证书。

大多数的英国中等学校为学生提供与工作相关的课程，帮助学生获得谋生技能。《中等教学课程大纲》还为学生提供入门资格考试，帮助他们获得证书，取得参加工作的资格。

相关链接

第 16 节　英国学校教育的课程体系

第 38 节　如何培养基本技能

第 52 节　如何组织校外教学活动

课外和校外的学习是指学生在非传统教学场所进行任何形式的学习，包含家庭作业学习小组、早读小组、体育比赛和实践学习等。

教师在安排学生进行课外和校外学习时，要提前仔细考虑活动的目的。这种学习机会不仅能促进学生的学习，还有很多其他益处，如增强学生自信；培养对某项事物或活动的兴趣；充分认识自己、了解自己的潜能。在英格兰，所有的学生都要求有实践经验。有些中学生还会因为对某一科目非常感兴趣而去选修大学或其他专业机构提供的相关课程。此举并非是学校希望把成绩不好的学生排除在大学的继续深造之门外，而是因为有天赋的学生和优等生也同样要接受学校要求的这些课外和校外的学习，让他们学习职业技术课程，获得相应的职业资格证书。例如谢菲尔德·哈勒姆大学（Sheffield Hallam）就为与其合作的中学提供一些高级理科课程学习。无论课外和校外学习的时间是半天或更长的时间，在当地还是外地，都能锻炼学生在实践中应用知识的学习能力和独立性，提高学生的学习自主性，拓宽学习的视野，这是在课堂教学中很难达到的目标。

为了尽可能地发挥课外和校外学习的积极作用，教师要让学生提前做好充分准备，明确学习目的。通常，这些学习与课程大纲紧密相连，补充或巩固课内学习的内容。

在学生参加活动时，教师应避免提太多的纪律要求，使学生花过多时间在填写答案上而错过课外和校外学习中的一些重要环节。教师应思考教学的目的，制订好相应的计划。例如教师可能会带领 7 年级的学生参观铁器时代遗址，然后要求他们写参观报告，描述铁器时代人们的生活状况。如果参观时有讲解员，教师就应要求学生在参观中做简单记录，或用几个形容词描述参观环境和氛围。

返回学校后，教师要留出时间让学生完成相应的作业。作业可采取多种形式，比如表演短剧、过程展示、制作知识小册子、写作文或做实验等。作业的形式要根据校外学习的目的来确定。

给学生提供校外学习的机会有很多益处，但也有风险。教师要估计外出学习可能碰到的危险，最大限度地保障学生的安全。本书中对如何保证学生安全有专门的讲解，具体指出在校外参观学习时学生会面临的危险和应对措施。对教师而言，要遵循"计划中尽可能考虑最坏的情况，希望取得最佳效果"的原则，全面分析危险因素，不要留下任何漏洞。此外教师要向家长提供外出学习的详细信息、学习目的、可能存在的危险和教师采取降低危险性的相关措施等，让他们了解情况后再作决定。

教师应尽可能使所有学生都有外出参观学习的机会。同时要求所选场所和活动适合所有学生。但是，这些学习机会所产生的费用对有些学生家长来说是一个沉重的负担。此外教师还要考虑学生的健康状况、文化差异和宗教信仰以及其他特殊需求。如果班集体有良好的纪律，教师就应该运用灵活的教学方式。有时由于某种原因，教师不得不制止某个学生参加此类活动，但一定要采取其他方式，保证该生补上错过的教学内容。

相关链接

应对策略

1. 学年计划和学期计划应包括外出参观和学习的计划。

2. 做好外出参观学习的准备，确定参观后的相应教学活动。

3. 取得学校和家长的同意。

4. 确保做好了必要的安排。

5. 安排陪同前往的教职工，检查学生健康状况和安全措施，做好安全预案。

6. 提前通知学生和家长参观的安排、就餐、经费和着装要求。

拓　展

教师在计划这类活动时，应该思考如下问题：该门课程中哪一版块适合采取外出学习和活动的形式？学生从这类活动中能学到什么？是否要使用学校没有的公共设施？例如体育课教师经常带领学生到校外游泳池、溜冰场或户外活动中心学习相关技能；组织学生到海外旅游，需要考虑和当地的社区语言服务团体联系。很多其他课程也有校外学习机会，教师计划这类活动有一个前提条件——学生必须从中受益。

家庭作业也是校外学习和活动的一种特殊形式，所以本书也有专门的章节论述。

学生在校时间每天只有短短的几个小时，其他时间都是在校外度过的。除了参观和各种外出活动外，校外学习和活动还可以是任何形式的非学校组织的活动。这些活动大都具有随意性，属于家庭活动和社区活动的一部分。由于家庭对儿童的影响显著，研究人员已经对两者的关系进行了大量的研究。随着儿童成长为青少年，家庭仍然在他们的人生态度、志向抱负和成功机会等方面发挥重要的作用。青少年的独立性增强，活动范围扩大，交往的朋友、兼职的工作和休闲娱乐都成为他们校外学习的有机组成部分。

第53节　如何掌握教学节奏

在课堂上，学生注意力集中、全力以赴地学习，是教师教学节奏合理的指示标。由于学生学习知识的速度不同，选择恰当的授课节奏对教师有极大的挑战性。在口语课上，教师的教学速度要吸引优等生，也要保证其他学生能听懂，其中包括理解力较差的学生，教师通过使用的语言、教学内容和对全班及个别学生的提问等形式，实现师生间多个层次的交流。

如下两种情况对学生的学习都会造成不利影响：一是教师的教学节奏过快，造成有些学生跟不上教学进度，难以完成随后紧接的其他学习任务；二是教师的讲解时间过长，问的问题太多或需要详细解释，教学节奏就会过慢，有些学生会思想开小差，开始调皮捣蛋。教师只能被迫中断教学，找这些学生谈话，而使教学节奏进一步变慢，此时，更多的学生开始"造反"。出现这种情况后，教师要果断处理学生的调皮捣蛋行为，或在课程结束后再予以解决。最佳方案是教师要充分估计出现这种情况的可能性，提前采取预防措施。例如课前设计好学生的座次表，把容易思想开小差的学生座位调整到教师眼前，或者教师在教室内走动，靠近注意力不集中或坐立不安的学生。

在完成课堂作业时，教师也要注意教学节奏，设定任务完成的时间和目标，并且提醒学生。例如，"现在，同学们应该做完了三道题。""最后 10 分钟，同学们可以检查作业了。"教师布置的作业应该具有可操作性，对不同学生提出不同的要求，因材施教。

相关链接

第 8 节　如何促进师生学习交流
第 11 节　如何布置课堂作业
第 18 节　如何实施因材施教
第 19 节　如何有效执行校纪校规
第 50 节　如何激发学生的学习动机
第 58 节　如何提高问答教学法艺术

应对策略

1. 学生在课堂上表现活跃，教师就应加快教学节奏；如果给学生思考的时间，就要放慢教学节奏。

2. 使用各种策略保持全班授课的课堂节奏。

3. 根据学生参与讨论的热烈程度，适当延长和缩短学生口头交流时间。

4. 灵活设计问题，保证答案可长可短。

5. 在口语交流和小组活动中，根据不同学生的水平设计不同话题和学习内容，以满足不同需要。

6. 根据学生的反应，决定进入全班教学的下一个学习任务的时间。

7. 明确规定课堂要完成的任务和时间。

8. 不时检查教学安排，确保教学进度；变更教学安排要有充足的理由。

9. 在课堂中避免长时间处理与教学任务无关的纪律问题，最好提前做好预案，或者果断处理，或在课后解决。

拓　展

麦克伯（Hay MccBer）在他的研究报告中指出："优秀教师每节课的内容安排应清晰明了，时间分配合理，教学节奏紧凑。"教师应时刻关注学生在课堂上的反应，合理地组织教学，保证学生最大限度地参与和完成教学任务，保持良好的教学节奏。

库宁（Kounin）在观察了课堂中教师与学生的交流后，发现教师有四种行为会打断课堂节奏：一是教师反复强调某一方面的内容，没有完成教学任务；二是教师缺乏过渡艺术，突兀地开始下一个教学任务；三是教师不断重复学生已经掌握的内容；四是把教学内容切分过细，学生没有了解本节课的学习目的。

控制节奏的关键是吸引学生的注意力和掌控他们的行为，教师要保证节奏与教学任务相关。如果教师讲课速度太快，没有留给学生思考的时间，学生就会自然而然地放弃这种高强度的学习任务。

第 54 节　了解家长职责

在教育学上，家长是个广义的定义，指有权利和义务照顾你班学生的成年人。学生的亲生父母不一定直接在教育中承担责任，有时养父母、亲戚、继父母等人才真正承担学生的教育义务。在英国，《国家教育法案》对抚养人和受雇照顾学生的学习、起居和其他生活需要的人的义务有不同的规定，但在实际生活中，学校把他们当做承担父母责任的人。家长的责任包括国家法律规定的各种义务、权力和职责，比如家长有义务送学龄儿童接受教育。

学生的照顾人有义务和责任教育学生，教师要尊重他们，并和他们建立积极合作的关系。教师对家长尊重，是建立和维护良好合作关系的关键。本书的《如何加强家校联系》部分将进一步讨论这个问题。

学生在家受到的教育会反映到他们对教师和同龄人的态度上。有些家长的教育和管理很严格，给学生自由发展的空间小，这些学生会学到一种专制的生活态度；有些家长允许学生犯错误，然后帮助他们改正，这种方式有利于学生的个性发展；有些家长对学生百依百顺，这种溺爱的方式让学生无限制地自由发展；有些家长似乎不关心学生的发展，这种"放羊式"的方法使学生没有受到限制，得不到家庭教育的帮助。

相关链接

第 9 节　如何加强家校联系
第 71 节　了解教师聘用的相关信息

第55节　了解儿童生长发育规律

文化习俗、营养状况和经历都是影响儿童生长发育的因素，父母的基因决定孩子的身高和外貌，形成孩子显著的外形差异。

人类的发育是一个相对缓慢的过程。多数孩子在出生 12~14 个月后，才能蹒跚走路。生理发育在婴幼儿期最快，在 0~5 岁期间，孩子以很快的速度长高、长壮；从 6 岁到进入青春期前，孩子的身体发育缓慢。在青春期之前，女孩和男孩在身高、体重和肌肉发育方面的区别不明显，跑跳的能力相似。

青春期引起性别特征变化，这些变化会给青少年的心理造成不可估量的影响。但是大多数时候，家长和孩子对青春期的知识极度缺乏。作为孩子的人生领路人，教师应该责无旁贷地向学生传授他们生长发育的知识，但必须在法律和学校的规定范围内。

有些小学生已经开始经历身体的变化，这些变化是复杂的，涉及生殖系统的发育、心血管和体内循环系统的发育、肺和呼吸系统的发育、肌肉和身体等方面的发育。通常，孩子在青春期的改变和发育速度都是十分显著的，这被称为孩子发育的"爆发"阶段。在中学里，常见的现象是一个班级里既有成熟的少男少女，也有同龄的个子矮小的同学。这虽然是正常现象，但会给孩子们和家长带来焦虑。因为有些孩子发育的"爆发"阶段从 9 岁开始，有些孩子要到 15 岁才开始。女孩的发育普遍早于男孩，她们七八岁就开始发育，最迟的在 12，13，14 岁才开始发育，发育的平均年龄是 10~11 岁，而男孩发育的平均年龄是 12 岁左右。

相关链接

第56节　如何运用解决问题模式

生活中充满了需要解决的难题，教育也是如此。对于不同的课程，使用解决问题方法的技巧和过程已多有论述。

现实生活中，没有人能立即解决所有的问题，因为问题的解决需要时间并需要尝试不同的方法。当学生对教师提出的问题无从着手或无法找到解决办法时，教师应引导他们学习相关的策略和方法，帮助他们掌握解决问题的步骤：分析问题——整理数据——寻找模式——联系旧知——试用理论——检验结果。

相关链接

第2节　如何培养学生的主动学习能力

第27节　如何提高课堂讲解艺术

第31节　如何实施小组教学

第34节　如何培养自主学习能力

第37节　如何引导学生的学习和行为

第44节　如何提高倾听和交流艺术

第73节　如何培养学生思维技能

应对策略

1. 在学期计划中，设计解决问题模式的教学。

2. 通过讲解和讨论，帮助学生熟悉解决问题模式的步骤。

3. 通过全班集体解决某一问题，演示解决问题模式的步骤。

4. 用解决问题模式巩固和检查学生掌握知识的情况。

5. 用解决问题模式导入新知识，激发学生的学习兴趣。

6. 当学生被问题难倒时，给一些语言提示帮助他们思考。

7. 当学生走进"死角"时，鼓励学生重找线索，重新开始。

拓　展

传授解决问题方法时，教师要从简单的问题开始，比如，"哪两种颜色能调出橘黄色？"在学生熟练掌握简单问题的解决方法以后，教师才能进入复杂问题的教学。学生在学习解题方法时，常犯的错误是不验证答案。比如一个学生回答道："要送全班学生去游泳池，一辆车要坐 3.4 个学生。"这个答案显然没有意义。另外每个学生应该注意开放式解题。有时，开放式问题就是一种调查，学生可以自由决定调查重点和采取的方式，提供不同的解决方案。在调查过程中，学生综合利用已学到的知识，解决问题的能力就会提高。

第 57 节　如何营造良好的学习氛围

良好的学习氛围可以激发学生学习的兴趣和动机，促进学习。当然，营造良好的学习氛围需要很多因素共同起作用。有人认为良好的学习氛围是指学生自主学习，把学习任务看成是自己的，而不是教师强加的。另一些人却持不同的观点，他们认为明确的学习目的和良好的课堂组织才是关键。

不管教师持哪种观点，努力营造良好的学习氛围很重要。让所有的学生都有明确的学习目的，都愿意学习，同时学习任务符合学生的水平。这种氛围将有助于学生顺利地完成学习任务。教师的职责就是鼓励学生完成学习任务，激发学生的学习动力。为了达到这个目的，教师要明确提出课程内容、课堂学习模式、学生行为举止等方面的具体要求。这是营造良好的学习氛围不可缺少的因素。在上第一节课时，教师就要明确这些要求，并在以后的教学中不断强化。

相关链接

第 8 节　如何促进师生学习交流

第 19 节　如何有效执行校纪校规

第 23 节　如何实现教育公平

第 26 节　如何培养应对挑战的能力

第 44 节　如何提高倾听和交流艺术

第 50 节　如何激发学生的学习动机

第 60 节　如何建立良好的师生关系

应对策略

1. 明确提出完成学习任务的各项要求。

2. 根据教学计划和形成性评价，针对学生的不同水平提出不同要求。

3. 保证学生全面了解教师制订的学习目标，学习目标必须清楚，并且在学生的能力范围之内。

4. 激发学生的学习动机。

5. 充分组织教学资料。

6. 培养学生的决策能力，为自己的学习"做主"。

拓　展

良好的学习氛围离不开师生之间的融洽关系。学生应该重视教师对他们学习的关注，遵守教学秩序，规范自己的行为举止。同样，教师要营造一个激发学生奋发向上的学习环境，贯彻教育公平的原则，一视同仁，关注学生的学习和生活。

干净、整洁、温馨的教室和讲台，墙上励志的标语，书架上摆放能激发学生奋发向上的奖牌等，为良好的学习氛围的营造提供了外部环境，学生自然而然会产生归属感，想当班长或"老师的小助手"，自愿为集体服务，自发地维护和改进学习环境。教师也要维护教室的和谐，避免歧视和欺负行为的发生，让学生安心学习，不受外来因素的干扰。

第58节　如何提高问答教学艺术

问答教学法有悠久的历史，是以师生问答为主体的基本教学活动，它包括师生之间的相互提问和回答，强调教与学的双边活动，调动教学双方的积极参与。教师采用不同的提问方式会导致学生不同的回答。

课堂上最常见的问答教学包括教师提问、学生回答和教师评价正误三个简单的步骤。根据问题的种类，问答教学法分为封闭式问答教学和开放式问答教学。封闭式问题的答案是固定的，例如，"法国的首都叫什么？""9乘以7，积是多少？"而开放式问题则没有现成的答案，不同的人会给出不同的答案和解释。例如，"你怎样才能找到解决办法？""故事接下来会发生什么？"开放式问题可以启发学生思维。

学生善于从教师的反应和肢体语言判断自己的回答是否正确。教师的轻微皱眉，或问"你肯定吗？"学生就会推断自己的回答是错误的，他们会重新给出新的答案。但是，有时教师问"你肯定吗？"言下之意是要求学生论证他们的正确回答。学生能很快习惯你提问的方式。所以，教师要增强学生的自信，同时采取不同的问答技巧，避免学生陷入习惯性问答教学的误区。

如果学生回答不了某个问题，教师就不要直接给出答案，最好询问他们已经解决的环节，然后提问以引导出不能解决的部分，这些启发式提问可以启迪学生的思维，培养学生独立思考问题的能力。

相关链接

应对策略

1. 尝试多种提问方式。

2. 教师如果想加快教学节奏，就采用封闭式问答。

3. 教师如果想启发学生的思维，就鼓励学生发言，用开放式问答。

4. 要求学生讨论他们已经完成的作业，巩固对作业的理解。

5. 用启发式提问，引导学生解决问题。

6. 检查教师提供的信息与问题之间是否有关联。

7. 增加给优等生提的问题的难度。

8. 要求学生论证答案，比如问"为什么"，引导学生给出解释。

拓　展

波拉德和他的合作者在 2005 年的一项研究中提供了自我分析模式，用于教师分析问答教学模式的运用。他们分析了口语课的问答教学，提出了使用不同提问方式的策略。教师通过提出一系列问题，引导学生积极思维，把新旧知识结合起来，进行分析概括，再得出结论。教师在提问之前，要营造鼓励学生踊跃发言的气氛。

但是，营造问答教学的良好氛围，对教师而言是个挑战，教师很容易把这种方式用于制止学生的调皮捣蛋和思想开小差等行为，这会导致学生失去回答有关学习问题的兴趣。对学生的违纪现象，教师可以直接进行批评。

第59节　如何做好学生的学习档案记录

教师在记录学生日常表现和学习情况时，首先要清楚自己记录的目的，这将帮助教师确定收集哪些材料最有用。在不同的阶段，教师记录的目的也有差异。第一个层面，在课堂上围绕学生是否达到学习目标或是否有困难等问题，教师希望做一些非正式的详细记录，以帮助他们了解学生的具体学习情况，改进教学计划，为官方记录提供资料。

第二个层面，教师需要整理和归纳学生在校的全面表现，把某些特定的信息资料提供给特殊教育需求协调员、下一任教师、家长、学校或学生要进入的新学校。

第三个层面，是官方和法律所要求的记录。英格兰法律规定，在重要阶段的教学评价过程中，教师每年要向家长和当地政府提供关于学生表现和进步的书面报告，供学生档案管理和评价教师教学工作之用。

相关链接

第9节　如何加强家校联系

第25节　如何评价课堂教学

第47节　如何批改学生作业

第54节　了解家长职责

第67节　如何满足特殊教育需求

第70节　如何建立目标体系

应对策略

1. 选择适合你的评价方法。

2. 采用恰当的记录形式。

3. 选择便于操作的评价标准，以便对学生的学习情况一目了然。

4. 明确教师和官方在半学期、一学期、一学年内需要收集的信息，并保留存根。

5. 把如何处理评价结果列入教案中。

拓　展

各种评价和记录方法是教学实践的要求。做好学生档案记录有几个目的：一是跟踪记录学生的学习进程，为教师提供学生的成绩和水平方面的信息；二是完成学生评价环节的工作，保证教学过程的完整性；三是为教师提供实践各种评价和记录方法的机会，这是合格教师必须掌握的技能之一。记录学生日常表现，可以证明教师履行了自己的职责，同时也表明教师如何在教学中利用这些信息促进学生进步。教师对学生的学习记录和评价，为国家资格证书考试提供相应的成绩和参考。为期一年的课程，教师每学期都要做记录，总结和评价每个学生的表现。有时，有些学生没有完成规定的学习任务，教师可以根据经验，确定恰当的评价手段。新教师要特别注意这些环节是怎样完成的。

第60节　如何建立良好的师生关系

教师的工作方法、说话内容、对待学生的方式以及对学生表示尊重都有助于提高教师良好的声誉。如果回忆一下自己的学生时代，你就知道你喜欢什么样的教师，讨厌什么样的教师。除了知识外，学生还希望从教师身上学到更多的东西。他们希望教师不仅教学成绩突出，而且平易近人，喜爱他们，理解他们，做他们的知心朋友。

很多青少年非常关心和自己有关的重大事情，希望能够与教师交流。学生希望教师公正，但也要因人而异。学生很敬重原则性强、要求严格的教师，他们认为教师就应该严格执行学校的规章制度。

教师对道德准则、法律约束、劳动合同、职业性质等的理解，以及同事、家长、社区对教师的期望等，都会影响教师的行为。有些行为是永远要被禁止的，例如与学生发生性行为、违法行为、举办政治性聚会等。因此男教师与女生一对一见面要特别谨慎。这并不是说男教师永远不要独自和单个女生见面，只是说拿自己的名誉冒险并非明智之举。

相关链接

应对策略

学生对教师的期望建立在教师以前的教学经历和课程教学上，如果过去的教学经历和课程教学良好，教师就可能得到学生的尊重。教师只需要认真教学，公正对待每一位学生。如果教师过去的教学经历和课程教学不好，一开始上课的压力就很大。不管哪种情况，教师都可以使用以下策略：

1. 考虑学生对课程的感受。他们有什么忧虑？他们有多大的兴趣？

2. 用自己对课程的兴趣和热情影响学生。

3. 了解学生的起点水平。针对高低不同的水平，认真备课，满足学生不同的需求，这就是对学生的尊重。

4. 表扬每个学生作出的努力和取得的成绩。

5. 给优等生设定更高的目标。

6. 把学生的反馈和学习目标相结合。

7. 要认识到自己对民族、性别、阶级和有特殊需求的学生的看法，以及如何让学生明白这些观点。

8. 一定要公正对待每一个学生，给学生们同等的关注。

9. 避免使用否定意义的评语，确保你的笑话不会伤害学生的感情。

10. 平易近人。教学是一个双向的过程，对学生提出的问题，教师要予以回答。

11. 展示真实的自己。虽然教学确实需要演技，但学生很快就比你自己更了解你。

拓　展

有时，教师的职业要求也许与你的价值观不一样。如学生在校是否应该穿校服，你或许觉得穿不穿校服无所谓，但学生穿校服是学校的规定。作为教师，就应维护校规。如果教师的观点与学校政策有矛盾，教师必须想办法使自己的观点与学校规定一致，不应站在学生一边。如果发现有这样的矛盾，教师可以让自己更多地关注工作，因为教师对工作越投入，越忙得团团转，自我意识就越淡泊，越少关心所作所为带来的感受，就能越容易容忍与学校规定不一致的地方。

第 61 节　如何做好教学研究

关于教学研究，教师经常会问"我应该研究什么课题?""什么课题值得我花宝贵的时间去研究?"事实上，在教学中质疑你的专业知识，你就可以发现研究课题。例如，为什么有些班教学效果好，有些班教学效果差? 学生学习的最佳方法是什么? 你就可以问"应对这些挑战的最佳办法是什么?"这就是研究课题。教学之外，教师要了解本学科的最新研究成果，才会发现问题，合理、有效地利用时间从事研究。在英格兰，教学研究是教师发展的要求，也是专业法规的要求。为了提高专业技能，教师要做一个学习者、开创者和探索者，所以我们也要求学生这么做。教学研究可以更新专业知识、改进教学方法、探讨更广泛的教育问题。

教师要不断学习新知识，不时更新课程内容，与时俱进。只有彻底研究课程，了解学生学习的难点，才能保证所教内容的准确性，化难为易。

为了提高教学质量，教师总会思考教学方法是否对教与学有效等问题，这就是教学研究。刚开始，教师往往遵循别人的教学方法来备课。随着教学经验的丰富，自己的教学方法就越来越多，这时研究课题就是"哪种方法适合我?"教学再也不是凭直觉或"因为有效而有效"去做事。你从课堂收集的材料进行研究，并评价教学的有效性。

经常阅读教育新闻和专业期刊，随时了解国内外相关的信息、政策，与同事一起讨论你获得的信息，这些都有助于思考自己的教学实践和教学研究。

相关链接

第 2 节　如何培养学生的主动学习能力

第 13 节　如何实现职业继续教育

第 34 节　如何培养自主学习能力

第 71 节　了解教师聘用的相关信息

应对策略

1. 了解自己获取信息的方法：阅读、网络、紧跟学科前沿等。

2. 读相关研究成果：

(1) 批判性地阅读，寻找其他研究方法。

(2) 文献研究只需浏览摘要，没必要通读。

(3) 用数据库来确定你感兴趣的领域。

(4) 通过搜索引擎寻找适合你研究课题的信息，但要注意网络信息的可信度。

3. 通过地方学术团体、大学和国内外协会等与同行建立联系。

4. 在英国，有很多官方网站会发布重要的研究课题。这些机构又往往是政策的制定者，所以他们的研究课题往往与某一种观点紧密联系。

5. 通过大学、教师中心图书馆和图书管理员获取最好的研究课题。

6. 寻求科研经费支持，帮助自己提高专业水平和教学水平。

拓　展

在教学过程中，教师要思考将本领域的研究成果与自己的教学结合起来，开始培养对教学某一特定方面的兴趣。教师可以从大学得到一些研究训练和支持，还可以通过学校的教师发展基金或其他多种渠道的研究基金获得经费支持。从事教学研究非常艰辛，充满挑战，但很有意义。

第 62 节　如何有效利用教学资源

丰富的教学资源把学生带入情境，让学生在探究的乐趣中学习，激发学习动机，使课程一开始就有吸引力。丰富的教学资源还可以改善学习环境，让学生身心受益。教学资源分为两种：一种是那些在教室里每天使用的教学资料、教具、设备和环境等；另一种则需要教师购买或制作，包括海报、收藏品、演示数字卡、某一历史时期的手工艺品、书籍和影碟，以及通过网络可以找到的关于某一主题的材料等。对于第二种资源，制订学期计划时要加以考虑。

在使用教学资源时，应考虑社会、文化和性别等因素，保证教学公平。由于学校的资金有限，有些资源可能比较陈旧。所以，教师要检查教材是否包括最新的知识和研究成果，是否适合所教的学生，资源是否有效。

相关链接

第 15 节　如何应对文化差异

第 18 节　如何实施因材施教

第 23 节　如何实现教育公平

第 25 节　如何评价课堂教学

第 57 节　如何营造良好的学习氛围

第 66 节　如何培养学生的社交能力

应对策略

1. 学期计划要考虑所用的教学资源。

2. 发现和使用能很好阐述教学要点的资源。

3. 营造能激起学生视觉兴奋、师生互动的学习环境。

4. 用各种资源吸引学生注意力。

5. 使用那些能将课外的世界带入课堂的资源（如真实的例子）。

6. 更新资源，使之与时俱进。

拓　展

由于资金有限，学校不可能购买所有的教学辅助材料，很多教师善于创造发明，自己设计和制作教学辅助材料。由于教师了解什么材料适合学生用，什么材料有助于教师讲解，所以他们设计的资料往往最有效。同时，网站和书本还可以提供丰富的教学资源。教师要选择与教学目的紧密相关的资源，精心准备，利用好课堂的每分钟。有些教具可以不受限制，学生带进教室的东西也可以即兴用作教具。

为了培养学生自主学习的能力，有时可以让他们自己决定用什么资源来协助完成任务。教师应思考这些问题：

1. 怎样使用教具？

2. 材料是否易得？

3. 学生能否找到相应的资源？

4. 怎样才能保持教具的整洁？

5. 是不是希望每个学生都能保持教具的整洁？

6. 有值日生吗？如果有，是不是学生就可以到处乱扔教具，让值日生来清理？

第 63 节　如何有效使用奖励机制

人本能地喜欢对奖赏和鼓励作出反应，所以在教学中，教师要充分发挥奖励的作用，激发学生的自信和学习动机，这样做有时会创造奇迹。只要学生的行为值得表扬，我们就不应该吝啬表扬的话语，坦诚地表达欣赏，奖励学生。虽然教师在课堂上很难完全避免使用批评语言，但要尽量让学生听到对他们的表扬，营造良好的课堂氛围，让学生愉快学习。

随着学生年龄的增长，教师表扬的措词、场合和时机都要讲究策略。学生想知道你对他们的评价，也想知道他们哪些事情做得对，哪些事情做得不对。然而学生更关心的是他们在同龄人中的地位，而不仅仅是教师的称赞。同龄人所施加的压力对优等生的影响很大，他们会因为卓越的能力而受到其他学生的排斥。

奖励可以是语言的，也可以是非语言的，比如给一个微笑，展览优秀的作业，或让做得好的学生在班上给其他同学讲作业。作为行为主义教学法的一部分，奖励也可以是有形的，比如奖励操行分、表扬、宣传等，这样可以进一步巩固良好的行为和成绩，但一定要奖励优秀。

如果你不得不批评某个学生，最好下来一对一地进行，而且给他们改正的机会。

相关链接

第 10 节　如何培养竞争意识

第 19 节　如何有效执行校纪校规

应对策略

1. 对全班的评价是正面而富有指导性的。

2. 对不良行为，老师要一对一地个别谈话解决，不可当众批评。

3. 正确使用奖励，如对学生的良好表现、学习努力、取得哪怕是一点点进步、良好的成绩等都要给予奖励。

4. 表扬要明确，如"你今天很努力，完成了大部分的任务"，"你完成任务的方式很好，我喜欢"等。

5. 奖励要一视同仁。

6. 不可收回已给出的奖励。

7. 对于较优秀和年龄大些的学生，可以采用书面评语进行表扬，或一对一谈话的形式进行表扬。

拓　展

一些学校运用强有力的奖励机制，形成新的行为和工作模式。对 7~9 年级的学生，可以把他们一周的良好表现和成绩的奖励分数累计起来，最好的集体或个人可以享受特别待遇，比如增加课间休息时间。如果导师或其他教师的反应一直都很好，教师可以奖励他们一次校外参观。这充分利用了学生想受表扬的强烈愿望和参加竞争的意愿，学者斯金纳表示，取消奖励并不能杜绝行为偏差，不断加强奖励机制，才有利于学生养成良好的行为举止。

第64节　如何做好学生的安全保护工作

对学生可能受到身体伤害的危险评估是大多数学校关心的问题，学校的教职员工都有义务保证学生的安全，对教师来说，照顾的义务远比一个细心的好父母要重得多。英国和其他很多国家的法律规定，教师有义务估计各种情况下学生可能遇到的危险，不论这种危险是大还是小，都要特别注意训练学生如何应对各种危险。学校应在更大范围内采取措施，保证学生的健康成长，这是学校的中心目标。这些措施包括性教育、禁毒教育、禁烟教育、健康饮食教育、环境教育、道路交通安全教育、个人保护教育和可持续发展教育，以及防止欺负的各种方法等。

教师应对学生可能遇到的危险作出正确估计，采取合理的预防措施，将风险降到最低。很明显，我们应消除一些可预估的风险。但是，我们不可能让学生完全避开危险，只能帮助他们正确应对危险。有时让学生面临危险，他们才能独立地作出选择。当然，我们应尽量降低危险，以免发生事故。

通常学生年龄越小，他们面临危险的可能性就越大。但是，教师需要特别照顾那些对危险不那么敏感的学生。同样，对残疾学生，教师也要考虑他们的特殊需求。教师要经常查找所教课程和教学场所可能存在的危险。如果带学生进行校外活动，更要特别小心，最好能填一张危险预案表，这张表共分5步进行：

1. 分析可能存在的危险。
2. 确定哪些学生会遇到危险，遇到什么样的危险。
3. 分析危险性，采取预防措施。
4. 记录分析结果。
5. 每隔一段时间或每次活动完成后，检查预案。

相关链接

第5节　如何保护儿童
第52节　如何组织校外教学活动

应对策略

关于校内活动的安全应对策略：

1. 清楚课程教学中有哪些潜在的危险。
2. 知道如何降低危险。
3. 让学生知道学校的规章和教室活动的安全规则。
4. 给学生讲解安全条例。
5. 对遵守安全规则的学生进行奖励。
6. 对经常违反安全条例、鲁莽的学生进行处罚。
7. 清楚学校安全评价的步骤。
8. 一旦出现事故，就要及时处理。一定要详查事故原因，并采取措施避免再发生类似事件。做好记录，附上日期和签名。

关于校外活动的安全应对策略：

1. 活动前要进行实地考察，收集相关信息，以便作出危险性预测。

2. 写出危险性评价，让学校相关人员签字。

3. 书面告知家长活动的意义和可能存在的风险，让他们签字同意学生参加活动。

4. 活动前，做好准备工作，包括向学生讲解健康和安全规定。

5. 确保有其他成年人陪伴，帮助照顾学生。

6. 提醒成年人有保护孩子的责任。

7. 把检查活动的健康性和安全性作为活动评价的一部分。

8. 如果发生事故，尽快记录事故发生的经过，并让相关人员签字。

第65节　如何建立学生自我评价机制

教学目标是把学生培养成自主学习者，自我评价就是实现这个目标的策略之一。学生可以就学习、行为和动机等提出以下的问题：

1. 我想提高什么？

2. 我需要改变什么？

3. 我怎样才能改变？

4. 有效吗？

这个方法与解决问题模式和最近提出的认知加速策略是一致的，这也是激发学生进取心的有效机制。

教师要求一个学生思考学习效率和学习过程时，如果他（或她）能意识到其价值和需要改进的方面，这个学生在决策方面就前进了一步。一旦学生能意识到面临的困难，他们就常常先从同龄人那儿寻求帮助，实在解决不了才找教师帮忙。

相关链接

第 2 节　如何培养学生的主动学习能力

第 34 节　如何培养自主学习能力

第 50 节　如何激发学生的学习动机

第 70 节　如何建立目标体系

应对策略

1. 在课堂上给学生讲解自我评价的步骤。

2. 让学生有机会评价自己的学习和行为。

3. 鼓励学生思考和尝试，可以是口头形式，也可以是书面形式。

4. 允许学生在某些特定的领域设定自己的目标（如完成作业或拓展作业的时间等）。

5. 引入公开的、思考性的讨论。

6. 遇到问题，让学生从同伴那儿寻求帮助。

7. 让学生制定目标，并汇报目标实现情况。

拓　展

自我评价的目的之一就是思考你知道什么，包括确定你需要做什么。自我评价模式将引导学生设定目标，进行自我评价。如果学生能自己管理学习过程，这就是一种有效的学习技能。2005 年，波拉德等人提出了帮助培养学生自我评价能力的三个步骤：

1. 分解学习任务，制订学习目标。

2. 检查和记录学生的成绩。

3. 督促学生汇报学习进展。

教师常用概念地图的方法帮助学生将学过的概念在大脑里串联起来，形成地图。概念地图一旦被填进内容，就可以帮助学生制订学习目标，明确学习要求。

第66节　如何培养学生的社交能力

学生应该了解社会，学会做一个社会人。要建立一个公正的社会，教师就应营造一个能够实现公平的学习环境，考虑教学对学生社交能力的影响，通过各种课程教学，培养学生的社交能力，这是教师的职责之一。性别、民族、道德、公民和文化等概念随着社会的发展而变化。仔细观察一下学生的朋友对他们的影响，你就会明白同龄人对学生学习成绩的影响有多大。有证据表明，为了取得好成绩，学生需要寻求同龄人的认同。问题的关键是要把学生作为一个完整的个体来看待。学校提供了一个家庭之外的庇护所，通过开设"个人·社会·健康教育"和"公民"等课程，帮助学生了解这个社会。这些课程讲授的价值观和道德观，是全部课程知识的两大基础。

社交能力的发展与智力、语言、身体技能的发展同步。1963 年，发展心理学家埃里克森（Erickson）描述了一个学生个人发展框架。该框架指出，学生在青春期有一个自立阶段，要建立信任，就得有一个安全稳定的环境。

在西方社会，培养社交能力需要特别注意的事是：

1. 6个月大的婴儿开始对其他婴儿感兴趣，相互笑、发声。1岁时，他们的话语交流就已经有了轮次。

2. 1~2岁的幼儿一起玩，但各玩各的。他们开始对周围的世界有意识，遵从社会交往的规则。例如遵循对话中的讲话次序，能表达同情，能感觉到"妈妈不高兴"、"爸爸生气了"等情绪。

3. 3岁时，儿童在玩耍中知道合作，有轮次。知道该向谁让步，怎样领导别人。

4. 4岁时的儿童可以和他人一起玩耍，分享他人的玩具；能辨别他人的地位；相互之间时常发生争吵和打架。

5. 6岁的儿童已经有更多的朋友和敌人，玩耍的范围更大，即使没有大人的帮助，他们也能解决争吵和打架的问题。

6. 7~9岁的儿童，知道如何建立友谊，怎样做才能得到同伴的认同。

7. 到了青春期，为了得到社会的帮助，朋友变得同家长一样重要甚至更重要。女生会把很多事情告诉好友，而不告诉父母。和谁做朋友成了个人行为。通常，兴趣、民族、宗教、学习成绩和性格等方面相似的男生或女生形成一定的圈子。与此同时，具有不同特点的异性相互吸引，但又往往遭到父母的反对。

8. 十几岁的男生，由于在音乐、足球和服饰上的共同爱好而形成一个个圈子。在不同的场合和不同的群体交往，会影响群体内部成员之间的关系。但随着性特征的日益明显，学生开始成双结对。到青春期晚期，有些就形成志同道合的情侣了。

相关链接

第 67 节　如何满足特殊教育需求

有些学生可能会有"学习障碍"（这是融合教育的一个术语），教师要想办法满足所有学生的需求，包括有些学生的特殊需求。

1. 任何学生都可能情绪消沉一两天。这可能和学生的表现有关，也可能和学习成绩有关。通常，这种情况持续的时间非常短，教师甚至不会察觉到，所以不需要担心。

2. 有些学生可能有暂时的特殊教育需求。这些短暂的学习障碍可能是学习上的问题，如阅读、拼写或课程知识点理解困难等。另外有些特殊教育需求可能是由情绪不佳、疾病等原因引起的。通过适当的帮助，这些情况可以得到解决，教师也不需要担心。

3. 有些学生有永久性学习障碍。在上学期间，他们的问题需要特别对待。这一类学生进入中学后，有自己的特殊教育需求和特定的一套学习方法。

满足这些学生的特殊教育需求，对教师来说是一种真正的挑战。

在英国，通常有特殊教育需求协调员协助教师实施特殊教育。他们通常是一所中学的融合教育的负责人，专门负责特殊教育需求的工作。他们掌握着特殊教育信息和特殊教育资源。最重要的是，他们可以用自己的专业知识帮助教师有效地安排教学计划，组织教学。他们是帮助有特殊教育需求学生在教学方面的关键人物。

在课堂上，教师必须关注那些没有达到学习要求，没有取得进步的学生。学校对学生的要求可能与家庭和社区的要求不一样。例如为了学习和完成任务，学生必须学会合作。有些学生尽管以前学过相关知识，但还是不能完成功课（而别的学生却能完成）。这不是因为功课难，而是因为他们不合作或注意力不集中。这些学生就是有特殊教育需求的学生。如果教师能准确判断他们的学习状况或言行举止，就应启动"学校行动"计划。学校会要求教师遵循相应的程序开展工作。

按照"学校行动"或"学校行动强化"计划，教师对需要《个别化教育计划》的学生采取因材施教的方法，满足他们的需求。《个别化教育计划》是一个重要的措施，为这些学生制订短期的学习目标。与其他学生的目标不同，给他们制订的目标应具有针对性、可测性、可操作性、现实性、时效性。

大多数学校为个别化教育的学生建立档案，这通常是一个软件包，为教师提供需要的信息，让教师了解学生能做什么，已经学到了什么。按照《个别化教育计划》制订的目标，教师再进一步细化教学工作。例如如果学生觉得读写方面较难，需要循序渐进，得花很长的时间才能消化课堂知识，教师就需要做到以下几点：

1. 针对学生的情况，重新写一份作业要求，采用短句和非专业词语，甚至让其他人把这份作业读给学生听。

2. 把作业分成几个部分：

（1）一次只布置一部分。

（2）给其他学生布置较为复杂和更难的作业，让参加个别化教育计划的学生有额外时间来学习基本概念和基本技能。

教师要多花点时间来细化教学工作和教学方式。一旦成功完成教学任务，教师就要对其使用的策略进行评价，保留有效的教学策略和教学资料。

教师要随时为有特殊教育需求学生的个别化教育提供信息。在教学过程中，教师要随时汇报有特殊教育需求学生的学习情况。由于对这群学生有深入的了解，教师可以帮助他们参与制订这些学生的个别化教育计划，如制订学习目标、讨论教学方式、课堂管理策略，以及何时、怎样监控学生学习的进展。在对有特殊教育需求的学生和需要关注的学生执行"学校行动"和"学校行动强化"计划时，很可能要由你来负责收集并分析学生各科学习的信息。

你所负责的学生的特殊教育需求得到鉴定后，通常特殊教育协调员会与学生及其家长面谈，通知他们鉴定结果和即将采取的行动。教师的职责是帮助学生明白怎样做才能取得进步；书面通知家长，或与家长见面，告诉他们这些学生的情况和今后采取的教学措施。

教师在教学、设计任务时要考虑有特殊教育要求的学生，充分发挥学习辅助人员的作用。这些学生通常在学习上有特别严重的甚至难以克服的困难，也许是智障、感官或身体有缺陷，也可能是听力、视力或活动性困难。由于学习辅助人员了解学生，又有经验，知道并选择辅助学习材料，他们通常可以使这些学生的学习结果符合实际又富有成效，可以更有效地帮助教师。例如：

1. 一个有视力问题的学生，做作业时需要 24 开或 32 开的作业本，而且还得用高能电灯才看得见，所以教学辅助人员需要及时为他们能顺利完成作业做准备。

2. 对一个听力有问题的学生，教师得用扩音器才能让他听见。教学辅助人员可以帮助检查设备，以确保学生能听得见。

3. 坐在轮椅上的学生往往需要更大的活动空间，教学辅助人员可以帮助教师布置教室，给他们腾出空间。

另外教师还要利用其他的一切资源。最理想的是有丰富经验的、效率高的教辅人员来协助你，不过也可以和志愿者、年龄大些的学生、同事、社区服务者等合作，他们都可以帮助教师。同时别忘了家长，他们随时都愿意为自己的孩子提供最好的帮助。

有效帮助那些有情感障碍和行为障碍的学生更为重要。针对这些学生的个别化教育计划，目的在于短期培训学生的行为，有时又叫个别化行为计划，教师、学生、教辅人员要签订协议，协议往往从教师和学生认为可以取得进步的方面开始，需要清楚说明在某些特定的情况下，学生需要做什么。比如一旦签订协议，学生应该尽快开始学习，完成每天布置的作业。当学生快控制不了自己的时候，使用"暂时休息"策略，即经你同意，他可以休息5分钟。

如果这些学生的情感障碍和行为障碍比较严重，不要紧张，就迅速寻找其他人的帮助。你不用离开教室，只需要派一两个可靠的学生去请其他的教师来，最好是年长的，因为你需要一个经验更丰富的教师才能应对一些具有挑战性的行为。而教辅人员可以帮助你应对情况严重、恶习难改的学生。

教师采取措施的目的始终是帮助这些学生实现学习目标，这个目标不是针对学生本人，而是针对学生不良的行为，我们只能改变学生的行为。要应对有情感障碍和行为障碍的学生，需要更多的技能，他们比其他学生需要更多的鼓励。

下面是一些你需要知道的术语，这些并不全面，特殊教育协调员会帮你了解更多的术语和一些学生较为古怪的行为特点。需要提醒的是，不能把个别学生的情况类推到其他情况，每个学生都有自己应对和克服困难的方法。虽然特殊教育协调员会建议你采用对很多学生都适用的方法，但是别指望这些方法每次都管用，你和你的同事可能要经过努力才能找到对某一学生有效的方法。一旦找到适用的方法，那就是一件令人激动万分的事情。

注意障碍或活动过度障碍

通常有三种行为会妨碍学习——漫不经心、容易冲动、过于活跃。注意力不集中或患有多动症的学生具有不同的个体行为模式，这主要取决于不同的诱因和反应——教师、课程、上课时段、课前发生的事情，如激动的课间玩耍等。

轻度学习障碍和中度学习障碍

很多学生在一种或所有的重要技能上有困难，这种情况比较多。有些学生学得还可以，但是他们比其他学生需要更多的时间和帮助；另一些学生组织能力差，常迟到，衣着不整洁、丢三落四。很多学生有很好的应对策略，有希望被培养成为成功的学习者。

重度学习障碍（包括诵读困难）

在一些甚至所有学生身上都可以看到这样的情景：编序能力差，拼写老出错，记单词的发音顺序困难，回忆事情和数字顺序吃力，书写糟糕。对这些学生，如果教得好，他们能克服学习障碍，找到学习的方法和策略。

亚斯珀格综合征

通常被称为孤独症。患有孤独症的小孩，只要在学校得到恰当的帮助，同样可以学得很好。在小学阶段，他们也许语言能力发展迟缓、有认知障碍、社会交往能力弱、没有兴趣爱好等。但是，随着时间的推移，有些情况可以得到改善，特别是经过应对策略培养之后。

运用障碍

有这种症状的学生常常被描述成行为笨拙、不灵活。这样的学生在进行有计划、有系统的、技巧性、非习惯性的运用时往往有困难。解决的方法是给这些学生更多的时间来完成运用任务。就像班里的其他学生一样，他们在完成运用任务时需要教师的指导帮助。

相关链接

第 18 节　如何实施因材施教

第 33 节　如何实现融合教育

第 40 节　了解学生独特的学习方法

第 59 节　如何做好学生的学习档案记录

第 61 节　如何做好教学研究

第 79 节　如何加强与教学相关人员的合作

应对策略

如果你能肯定回答下面的问题，那就实现了你的教学目标：

1. 我是否确保全部学生都参加了所有课程的学习和活动？

2. 我的教学计划包括了所有学生的需求吗？

3. 我采用了不同的学习风格和教学方法吗？比如在阅读中，我是否尝试使用不需要很多技巧的陈述方法？

4. 通过我的教学，学生是否都学到了知识？

5. 我在给其他学生难度更大和要求更高的作业的同时，是否给有特殊需求的学生更多的时间？

6. 是否鼓励所有的学生都总结学习方法，并检验所学的知识？

7. 我是否鼓励教辅人员与学生一起学习？

8. 在计划和备课的过程中，我是否和教辅人员进行了沟通？

9. 我是否表扬了取得优秀成绩的学生？

10. 我是否愿意迎接有特殊需求学生的挑战？

拓　展

针对有特殊需求的学生，不同国家和地区都有自己的政策，比如在英格兰、威尔士，当地的政策就是把这些学生送到专门学校。但现在这些国家和地区都趋向融合教育。融合教育是指的将有身心障碍的学生和普通学生放在同一间教室一起学习的方式，强调给有身心障碍的学生提供正常的教育环境，而非隔离的环境。为普通班提供所有的特殊教育和相关服务措施，使特殊教育及普通教育有机融合。目前，有越来越多的有特殊需求的学生参与融合教育。

有特殊教育需求的学生往往是教师的心病。教师担心自己不能满足所有学生的需求，也担心没有办法满足有特殊教育需求的学生的额外需求。幸运的是，学校可以提供和调集各种资源来帮助教师。一方面，特殊教育协调员可以帮助教师处理教学事务，有特殊教育需求的学生不再是负担。另一方面，教师可以从优秀书籍、网站和课程中得到帮助。实际上，满足有特殊教育需求的学生往往是教师提高教学效率的关键。正是这些学生教会了我们怎样教学，满足他们需求的过程也促使我们认真思考教与学，思考怎样提高关于概念、事实、技巧、知识、理念和价值观等的讲课技巧，让所有的学生，包括有特殊教育需求的学生都能听懂，这正是教学的最终目的，教师应该在这方面多加思考，推进自己的事业。

第 68 节　了解标准化测试方法

标准化测试是根据一定的标准进行的测试和匹配。如果智力测试的标准是 100，就用对照表格，将学生的测试结果进行转化。这个表格考虑了学生的年龄。学生参加测试，然后给一个分数，这是原始分数，用一个表格将它转化成标准分。如果一个年龄小的学生同一个年龄大的学生得的原始分数一样，年龄小的学生的标准分就会高些。如果分数或年龄在标准范围之上，这个测试对能力的预测就不可靠。标准化测试可用来比较不同地方的教学水平，以及对照标准测量学生在不同年龄阶段的情况。

相关链接

第 29 节　如何做好教学评价
第 61 节　如何做好教学研究

拓　展

标准化测试在研究中非常有用，因为标准化测试给了我们一个标准作为基本线，学生可以多次测试他们的知识，而类似的测试会给出同样的结果。标准化测试越来越多地用来测试学生的成绩。

然而 1996 年克罗尔（Croll）在研究了标准化测试后指出，如果把这种测试与年龄联系起来，那么单纯依靠参考标准来评比就比较困难。他还指出，国家课程有必要考虑是否应该采用标准参考。

第 69 节　如何提高专业水平

在教学中，教师不仅要掌握课程知识，而且还要掌握教学方法。例如教师只知道多项乘法的运算并不够，还要思考如何将这些知识传授给学生，让学生理解。为此，教师应思考"我能清楚地向学生讲解运算的方法和原理吗？""如果学生没有听懂，我是否有其他的解题方法？"教师应有较强的迁移能力和课堂讲解艺术，能通过生动、准确的讲解，把自己的知识成功地教给学生。同时，教师还要布置相关作业，帮助学生理解和巩固所学的知识。

如果教师充满自信，学科知识又渊博，就能提供准确的信息，回答学生的问题，引导学生了解学科的结构和知识体系，更好地质疑学生的想法，消除学生对概念的模糊理解。教师对一门学科的热情也很容易传递给学生们。当然，反之亦然。

如果有些课程是教师的强项，学生可以从教师的专业知识中受益匪浅。对自己不很熟悉的课程，教师需要做些研究，或找同事帮忙，仔细做好学年和长期规划。

相关链接

第 2 节　如何培养学生的主动学习能力

第 34 节　如何培养自主学习能力

第 48 节　如何制订学期计划

第 61 节　如何做好教学研究

应对策略

1. 仔细研究没有把握的领域，为学生提供准确信息。
2. 传递教师对学科的热情。
3. 如果需要，就寻求帮助。
4. 尽可能收集备课资料。
5. 利用一切可以提高教学水平的机会，如课程进修、研讨会。

拓　展

渊博的专业知识和敬业精神有助于教师的教学，有助于激发学生的学习动力。对学生提出的问题，教师可以给予睿智的回答，还可提供其他教师没讲到的信息，给学生补充讲解，拓展他们的思维，尤其激励优等生。扎实的专业知识，可以让你的教学更从容，更富有激情。

第 70 节　如何建立目标体系

教学目标是教师根据教学大纲、教材和学生的情况所预定的目标，是通过教学活动，学生在知识、技能及身心等各方面应达到的要求。目标设定通常以年为单位，为教学指明方向。对教师来说，目标设定是教师自我评价体系和职业继续教育的一部分。而对学生来说，同样也是一种自我评价体系。

教师应和家长、学生一起设定目标，目标设定就会更加规范。学校一般设定几个层次的目标：全班的学习目标和个体的学习目标。

在英格兰，由地方政府设定关键阶段考试要达到的目标，并对学校进行排名，将信息反馈到各个学校。因为教学检查的反馈信息有利于学校制订切实可行的教学目标，所以，学校要充分利用教学检查。

相关链接

第 2 节　如何培养学生的主动学习能力

第 13 节　如何实现职业继续教育

第 29 节　如何做好教学评价

第 71 节　了解教师聘用的相关信息

应对策略

1. 制订明确的长期、中期、短期计划，监控学生的成绩。

2. 和学生一起制订个人计划，要保证执行计划的时间。

3. 鼓励学生对自己的学习现状和下一步计划作出评价。

4. 了解国家和地方教育当局给学校制订的目标，使课堂教学与其保持一致。

5. 设定自己的教学技巧目标。

拓　展

制订个别化的目标是满足学生个体需求的有效方法，它的设定系统需要时间来保持。学习由学生自己完成，所以在设定个别化目标时，应该得到学生的配合。同时，教师还要明确实现目标的方法。好的目标设定应具有针对性、统一性、可测性、现实性、时效性等特点。

2001 年，史密斯（Smith）描写了成功设定目标的过程，共分五步：确定时间界限、考虑未来因素、建立设定模板、检查目标设定、确认目标设定。

使用目标设定系统最关键的一点是判断目标实现与否，这需要教师制订中期、短期计划。如果没有设定目标，教学就没有动力，系统就无效。不管学生自主学习的能力有多强，教师都应该参与他们的目标设置。

第71节　了解教师聘用的相关信息

英格兰和威尔士每年都会审核教师的聘用条件。工资结构是由法律规定的，学校都有教师聘用的有关文件和教师工资标准，以此来规定教师的职责（包括课程教学职责及其他职责）。自2003年以来，教师和其他教职员的职责发生了一些变化。

在英格兰，教师按规定工作195天，其中包括5天培训时间。另外有补充条款明确规定了教师课程教学职责以外的工作量，所以，多数教师每周的工作时间远远超过36个小时。教师的职业职责包括教学、备课、评定成绩、填写成绩单等。教师的具体工作量由校长或课程组长决定。

教师的教学档案管理要求教师不断学习，做一个终身学习者，履行自己的职业职责。经过实习期后，你才算是一个真正的教师。一个取得资格的新教师，要做的第一件事就是要设定目标，教师通过教学活动来学习、提高自己。在大多数学校里，教学经验丰富的教师的收入较高。

学校会定期进行教学检查，包括检查教学方法和教学效果。刚开始时，教师有点紧张，但很快就能适应。除了同事外，还有地方巡视员和教育部门的巡视员参与教学检查。检查结果用于制订教师发展计划，是地方和国家质量与检查体系的一部分，也是评估学校的依据。

相关链接

第13节　如何实现职业继续教育
第77节　如何培养学生正确的道德观价值观

应对策略

1. 对自己所教的学生要有信心——期望他们学得好，有所成就。
2. 了解学校对你的期望、职业责任，并全心全意地去完成任务。
3. 在应聘前，要了解聘用条件和工资标准，包括深造机会和发展平台。
4. 充分准备，迎接检查。
5. 结合学校的发展计划，为自己的专业发展制订切实可行的目标。
6. 积极参加各种进修活动。

拓　展

应聘教师，除了考虑工资和工作条件外，还应搞清楚自己从事什么课程的教学。教师职责的一个重要部分包括实现教师对学生的期望。优秀学生意味着努力学习，提高成绩，全面发展，但也意味着教师要尊重和处理个体知识差异。如何对待学生、同事（包括辅导教师）、合作者、家长和所有在工作中与你有接触的人，都能表明教师对教师职责的态度。作为教师，你应该坚持学习，发挥优势，改正缺点，遵守法纪。

第72节　如何发挥教学团队作用

教师的教学往往需要和同事合作，组成教学团队，共同承担学校课程、研究和教学计划，集体备课。虽然有些学生能制订合理的学习目标，并能努力完成，但是有些学生有学习障碍，教师需要和同事一起帮助他们克服学习障碍。同时，同事也需要你的帮助，特别是解决教学问题。教师应为班上学生的利益负责，了解他们的情况，分析问题，为其他教师提供学生的信息，共同促进学生的成功。同时，教师还应了解学校的发展目标和目前面临的困难，理解和支持学校的工作。

相关链接

第13节　如何实现职业继续教育

第71节　了解教师聘用的相关信息

第79节　如何加强与教学相关人员的合作

应对策略

作为同事，你应注意以下9点：

1. 了解你的素质，发扬优点，指出不足。

2. 处事要灵活；偶尔让你的辅导人员帮助其他班的学生学习；有时可以多和几个学生打交道；当出现新情况时，要改变原有的观念。

3. 富有同情心是一种真正的优点，要学会换位思考。在办公室和年级会议上，要会听话外之音。

4. 要积极参与教学评价。评价自己和别人时，应考虑自己做了什么，而不是谁没做什么，应全力以赴、踏踏实实工作。

5. 要自信、果断。提建议时要委婉。例如："我做……的时候，发现一个问题。我们能找到解决办法吗？"

6. 保持幽默感。虽然幽默不是万能的，但有时确实可以帮助你。

7. 了解学校的运行和管理机制、面临的挑战和校领导应对挑战的计划。

8. 参加会议，阅读通告和电子信件（即使开始显得意义不大，也要坚持下去）。

9. 在办公室时，要参与同事间的玩笑和谈话。如果想真正融入学校，最好去办公室，了解同事，也让别人了解你。当然，要特别注意办公室里那些愤世嫉俗的人，他们往往说话风趣、尖酸刻薄，能够吸引大批听众，但他们的议论会降低士气。

拓　展

作为教学团队的成员，教师可以在日常教学和职业发展中得到同事的帮助，但是，同事也希望你承担更多的责任。也许当教师的第二年，你就应该思考这个问题。课程组的某个项目往往会促使你承担更大的责任，如与家长和志愿者一起教学；当校方的教师代表；加入工会或专业协会。有些时候，你可以考虑换一个学校工作。和不同教学团队工作，你将获得更多的经验。

第 73 节　如何培养学生的思维技能

随着技术进步，社会需求发生了变化，信息获取更为容易，教育也发生了微妙的变化。这就要求学生掌握新技术，提高决策能力。如今，知识和技能并重的局面发生了变化，教师更应注意技能教育，特别是解决问题的技能和思维技能。在努力提高学生成绩的过程中，教师在探索学生有效学习的不同方法，为他们打开学习的大门。最近，教师用思维和认知的研究成果来为学生营造更好的学习环境，特别令人激动的是，这个曾经是心理学家研究范畴，现在正与实际的课堂教学策略联系在一起，并取得阶段性成果。

相关链接

应对策略

1. 同学生一起讨论完成作业的方法。

2. 改进解决问题的策略。

3. 鼓励学生设定学习目标。

4. 确定学生了解、理解学习目标及实现途径。

5. 鼓励学生思考自己的思维策略。

6. 鼓励学生讲述解决问题的方法。

拓　展

元认知就是一个人对自己认知过程的认识，具体来说，是关于了解个人学习过程的知识和调节这些过程的能力，即对思维和学习活动的知识和控制。思维技能长期以来都是研究的课题，伦敦大学皇家学院的两项研究成果最有影响力，引起了人们的极大兴趣。一个是阿迪（Adey）在 1988 年提出的"科学教育中的认知加速"和阿扎米（Adhami）等人在 1997 年提出的"数学教育中的认知加速"。认知加速这个术语被用来描述加快学生学习能力的过程。通过传授学生学习方法，训练他们解决问题的能力，学生能更有效地学习，并取得更好的成绩。在皮亚杰问题解决法的基础上，研究者们已取得了令人鼓舞的成果，即学生的学习成绩提高了。现在，学生非常乐于把元认知技能运用到其他课程的学习上。这些技能要求学生在学习中要有意识地思考学习的过程和所用的策略。

2001 年，史密斯论述了"弥合差距"，也就是在完成学习的过程中，整个课堂常用的思考形式，尽量多使用大脑，大声说出你在做的事情。史密斯还介绍了最新的研究：大脑运行原理和怎样利用这个原理来拓展课堂学习。

第74节　如何合理安排工作时间

　　教学是一个要求很高的职业，合理、有效地安排时间是非常重要的。作为教师，你总会面对没办法应付过多的工作。遇到这种情况，最好是有礼貌地、坚决地拒绝，因为接受后也没有时间把它们做好。了解自己的极限，坚持不改变，这就要很好地安排时间，避免给自己或他人带来压力。教师在校外有自己的自由空间或其他工作。晚上，规定一个休息时间，或安排一些日常娱乐活动。准时开始工作，限定完成任务的时间。如果没有严格的计划，所有的时间都会被浪费掉。

　　提前备课。只有提前备课，你才能控制课堂时间。在编写教案时，最好避免重复。可采用关键词和提纲，尽量采用旧教案和教材里的记录。记录要高效，明确目的，然后选择相应的信息，利用现代通信系统，到每个学年末就可以形成一个自己的信息系统。

　　上述的很多方法可以运用到课堂上管理学生。教师不仅需要合理安排时间，还应该要求学生做到这一点，迫使他们养成合理安排时间的习惯，如及时开始，并知道完成作业的时间。引导学生自己安排学习，如"你认为自己需要多少时间才能完成作业？""怎样着手解题？"对完成作业出色的学生，要给予奖励，如发给小五星、奖励小礼品、加操行分、奖给他们选择活动的自由等。

相关链接

应对策略

1. 让学生知道完成作业需要的参考书目。
2. 尽量提前制订计划。
3. 每天有自己可支配的时间。
4. 对自己和学生的成绩进行奖励。

拓　展

学生完成作业的时间和完成作业的质量有密切联系，所以，教师有必要做好记录，并经常思考，在教学中加以注意。

第75节　如何合理安排课堂时间

安排课堂时间包括合理安排教学时间，在规定的时间内完成教学，有时间紧迫感，能根据学生注意力的变化情况决定停止或继续讲课等。

如果每隔一定时间看看表，就会营造一种时间紧张的氛围。下课时，检查一下教学是否按计划进行，这取决于你对整个教学时间、课堂计划和课堂每个环节的预计时间，然后开始修订中期计划，使之适合学生的节奏。慢慢地，你就能判断完成教学任务所需的时间和学生注意力的变化情况，同时也要根据情况适时作出调整。

如果不断地打断讲课会破坏课堂时间的平衡，到最后没有时间总结，而总结又是课堂重要的组成部分，可以使学生再次明确学习目的。同样，还要注意听和练的时间的平衡。教师讲解的时间越多，留给学生练习、巩固和记忆的时间就越少。

相关链接

第 41 节　如何编写课时教案
第 53 节　如何掌握教学节奏
第 74 节　如何合理安排工作时间

应对策略

1. 检查完成教学任务的时间，修订中长期计划。

2. 课堂计划中写下估计完成教学任务的时间。

3. 确保课堂教学的各个环节没有疏漏。

4. 平衡课堂上学生听课、回答问题和做作业的时间。

第76节　如何提高课堂过渡艺术

作为课堂组成部分的过渡是指学生从一个活动到另一个活动的转移。过渡往往发生在整个班级进入教室或离开教室，全班教学转移到个别活动或小组活动，或学生完成了一项任务，继续进行下一项任务。在这些情况下，一些学生容易表现不良，不想参加下一个任务。这就需要教师严格管理，明确告诉学生教师对他们的期望和要求，让他们明白该做什么，不该做什么。他们没按要求做，教师比较容易应对他们，因为学生清楚地知道自己错了。教师的目标是把教室建成一个仿真的、有序的活动环境，这需要学生的自我控制，不是靠教师像警察指挥交通一样进行管理。每个班和每个学生在教室里控制自己活动的能力有差别，这就需要教师训练学生的自控能力，鼓励和表扬行为好的学生。当然，一开始就要建立规矩，以便后来管理。

清理活动场所时，给学生指定一个特定的地方。例如"清理完东西后，回到原位。"但这还不够，因为清理场地的时间很长，先完成的学生会无事可干，显得很不耐烦。所以教师还应该给这些学生安排其他相应的拓展活动。

相关链接

第 19 节　如何有效执行校纪校规

第 75 节　如何合理安排课堂时间

应对策略

1. 保证学生有序进入教室或离开教室。

2. 让学生清楚地知道任务结束后应到哪里。

3. 确保课前布置好教学场所和用具。

4. 为最早完成任务的学生设计好拓展活动。

5. 如果学生完成任务的时间早晚不一致，要让他们知道完成任务后做什么。

6. 最慢的学生完成任务后，要准备另一个活动让他们参加。

7. 如果无法整个班一起移动，就分组进行。

拓　展

最初，掌握过渡是要控制好班级秩序，营造一个有序的环境。现在，其意义已经发生变化。学生希望任务有趣、好玩，教室的氛围促使他们像目标明确的成年人那样进行活动，不应是仔细观察教师是否注意到他们。一旦教师注意其他地方或他人，他们就有不良行为。教师应让学生自我约束，给能干学生更多的机会来管理自己的学习。

值得教师注意的是，过渡还包括学生从一个班转到另一个班，从一个学校转到另一个学校，从一个关键阶段转到下一个关键阶段，对学生来说既是新的起点也是麻烦的开始。一些学生觉得适应新环境是一个严峻的挑战。学生在新环境里会出现明显的异常行为或成绩下降，教师需要仔细思考如何帮助学生顺利适应新的环境。很多学校总结出一些有效的应对措施，包括开学前走访学生家长，学生拜访新老师等。这些更大的过渡和课堂的过渡一样需要精心、细致的思考和计划。

第77节　如何培养学生正确的道德观价值观

教师的价值观体现在教师的职责里。如果教师希望所有的学生都取得最大的成功，那教师就得了解自己、学生和教育体制。现在通过以下问题来检查一下自己的价值观：我珍惜什么？是否和社会要求一致？例如教师认为诚实很重要，社会对诚实的定义是什么？诚实并不是绝对的，从某种意义上来说，诚实等于知道什么时候讲真话，什么时候保持沉默。要进行道德判断并不容易，有些时候，教师希望自己在做"正确的事情"。在特定的情况下，教师的言行会影响学生的价值观。例如一个学生把笔扔到地上，干扰了课堂秩序，应该受到处罚。但是，如果他的笔是不小心掉下去的，教师就不应该处罚他。教师营造公正、公平的氛围就是教师价值观和道德观的体现，这会影响学生的行为。

相关链接

第4节　如何应对欺负行为

第15节　如何应对文化差异

应对策略

1. 支持教师采用以下原则：

（1）培养学生的是非观。

（2）了解学生社会、情感的发展范围。

（3）尊重并正确处理家庭文化和社会文化的差异。

（4）有些学生的是非观与教师不一样。

（5）在班级里，要明确什么行为可以接受，什么行为不可接受。

2. 师生关系：

（1）给学生提出更高的行为标准，并一起实现。

（2）通过全班的、一对一的、小组的讨论等形式，和学生系统地讨论道德的含义，并达成共识。

（3）公平并不表示用同样的方法对待每一个学生。

（4）平易近人并不表示学生是你的朋友。

（5）做事公正，要认识到学生的起点不一样。

（6）奖励和处罚要因人而异。

拓　展

教师在传授价值观和道德观时，应考虑学生的道德、情感和社会的发展。教师要营造这样的一个氛围：让学生敢于挑战别人的观点，接受差异，探索社会公平。要建立这种既鲜明又有包容性的道德是不容易的，这其中会有冲突。教师要建立这样一种荣誉感：我对学生是公正的。学生希望教师有威信，但学生也希望教师尊重和重视他们的观点及意见，特别是在他们的观点与社会标准有分歧时，更要重视他们的意见。有些学生道德观和价值观较强，而有些却很弱，教师要充分了解这些差异。

第 78 节　如何提高班集体教学艺术

班集体教学是教学的主要形式。班集体教学要考虑所有的学生，让所有的学生都参加教学活动，这是对教师最大的挑战。在一个教学班里，学生的能力差异很大。有些学生可以轻松地完成学习任务，而有些学生却要花更多的时间。所以，所设计的课堂要有区别，既要有人人都能完成的课堂任务，也要为那些完成学习任务快的学生设计其他具有挑战性的任务。

相关链接

第 17 节　如何提高课堂演示艺术

第 19 节　如何有效执行校纪校规

第 27 节　如何提高课堂讲解艺术

第 34 节　如何培养自主学习能力

第 75 节　如何合理安排课堂时间

第 76 节　如何提高课堂过渡艺术

应对策略

班集体教学要注意以下 6 点：

1. 运用各种教学策略。

2. 教学活动必须符合教学目的。

3. 给学生明确的指令、准确的演示和解释，精心设计提问。

4. 在课堂上，要尽量了解学生知道和掌握了什么知识。

5. 使用精选的例子、个案研究和其他活动，引导学生进行研究性学习。

6. 针对完成作业快的学生，安排难度更大的作业，但是不能涉及新知识，难度不能超标。

拓　展

班集体教学要建立在教师和学生互动的基础上，而互动的效果取决于相互尊重和信任。要想使班集体教学达到最佳效果，教师必须激发学生更高的逻辑思维能力，将问题与学生的能力紧密结合起来，用开放式问题要求学生解释答案。教师还要不断更新教学方法。例如在班集体教学中，教师可采用

类似的教学方法，但偶尔可以采用新方法，给学生带来惊喜。

第 79 节　如何加强与教学相关人员的合作

课堂时间是从教师进入教室，关上门，开始教学时计算，但是有时候，教师可以同其他人共同承担让学生健康成长的责任。教师应定期与辅导教师讨论教学问题，很多课程还需要和技术人员合作。同时，教师还要和生活管理员、门卫、清洁工、维修人员和学校办公室工作人员等接触。

辅导教师有资格证书和自己的专业，可以有效地辅导学生。他们希望任课教师清楚他们的任务，同时尊重他们的专业知识。

辅导教师是教师最好的盟友，两者的关系非常重要。有的辅导教师专门帮助某一个学生；有的辅导教师帮助任课教师提高教学效率，例如，辅导阅读和写作。因为所处的位置不同，他们对学生的了解就不同，他们的看法可以帮助任课教师作出正确的教学决定。当然，任课教师还要认识一点，即某些领域的工作是保密的，这可能与你想与他们建立坦诚关系有矛盾。为了充分利用教学时间，教师要备好课，充分发挥合作伙伴的作用，争取他们最大的帮助。特别是教师要和他们讨论：教师在讲课时或提问时，合作者起什么作用？

如果课程涉及技术支持，教师就希望得到技术人员的通力配合。这就需要教师努力和技术人员建立一种良好的工作关系，赢得他们的支持。教师要尊重他们的知识和技术，征求他们的意见，关注他们的工作，要根据他们的建议，修改自己的计划。教师还要注意，提出要求要准确，对技术人员的工作要给予积极的反馈，及时解决突发问题。

相关链接

第 71 节　了解教师聘用的相关信息

第 72 节　如何发挥教学团队作用

应对策略

和同事合作要注意以下 4 点：

1. 明确表达你的求助要求；充分利用他们的时间；和他们讨论教学任务，并记录下来；把教学材料给他们；要求他们反馈；记住，对他们的帮助表示感谢。

2. 就教学的环节和步骤达成一致，确保你们训练学生的方式相似。

3. 在解决问题和做决定时，要和他们商量。同他们一起分析、思考可能的解决方法，决定采取的措施，并作出评价。

4. 尊重他们的专业和知识。

拓　展

学校还有谁可以成为教师的合作伙伴呢？其他部门的社会工作者、教育心理学家、护士、医生、牙医、考试监考员、校车司机、厨师、警察等，教师都可以从他们那儿得到帮助。很多学校有志愿者、家长，他们都可以帮助你。

在 1989 年，托马斯（Thomas）明确划分了学校教职员工和学生的职责，指出教职员工可能出现的一些问题。第一，职责不明。对有些人来说，包括学生，搞不清"谁是教师"。第二，无意识的相互阻挠或重复工作。所以，教职员工要明确各自的职责，改进工作方式和矛盾处理策略，全力配合任课教师的工作，帮助学生了解各个教职员工的职责。总之，对教师来说，重要的是发掘其他教职员工的才能，探索充分发挥他们才能的最佳方法。